U0957519

国家社会科学基金西部项目（项目批准号：10XJY011）

和谐社会视角下青海藏区农（牧）区最低生活保障问题研究

STUDY ON THE MINIMUM LIVING GUARANTEE OF THE FARM AND PASTORAL AREA IN TIBETAN AUTONOMOUS AREA OF QINGHAI PROVINCE FROM THE PERSPECTIVE OF HARMONIOUS SOCIETY

李凤荣◎主编

中国经济出版社
CHINA ECONOMIC PUBLISHING HOUSE
·北京·

图书在版编目（CIP）数据

和谐社会视角下青海藏区农（牧）区最低生活保障问题研究/李凤荣主编．
北京：中国经济出版社，2017.11
ISBN 978－7－5136－4962－9

Ⅰ.①和… Ⅱ.①李… Ⅲ.①农村—社会保障制度—研究—青海
②牧区—社会保障制度—研究—青海
Ⅳ.①F323.89

中国版本图书馆 CIP 数据核字（2017）第 273501 号

责任编辑　葛　晶
责任印制　马小宾
封面设计　任燕飞装帧设计工作室

出版发行　中国经济出版社
印 刷 者　北京九州迅驰传媒文化有限公司
经 销 者　各地新华书店
开　　本　710mm×1000mm　1/16
印　　张　13
字　　数　213 千字
版　　次　2017 年 11 月第 1 版
印　　次　2017 年 11 月第 1 次
定　　价　52.00 元
广告经营许可证　京西工商广字第 8179 号

中国经济出版社 **网址** www.economyph.com **社址** 北京市西城区百万庄北街 3 号 **邮编** 100037
本版图书如存在印装质量问题，请与本社发行中心联系调换（联系电话：010－68330607）

版权所有　盗版必究（举报电话：010－68355416　010－68319282）
国家版权局反盗版举报中心（举报电话：12390）　　服务热线：010－88386794

前言

农村的稳定发展，关系到整个社会的和谐、稳定和发展。青海藏区的稳定和可持续发展关系到青海和谐社会的建设，也关系到全面建设小康社会目标的实现。改革开放以来尤其是西部大开发以来，政府投入了大量人力、物力和财力，藏区农牧民的生活发生了翻天覆地的变化，贫困人口逐步减少。但最近几年扶贫的效果却有所下降，有劳动能力的贫困人口通过开放式扶贫，能脱贫的基本脱贫，无劳动能力的剩余贫困人口通过传统的开发式扶贫，脱贫效果微乎其微，需要一种新制度安排来解决青海藏区农牧民的剩余贫困问题。

社会保障制度是经济社会发展的稳定器，作为社会保障制度的一个重要组成部分——农村最低生活保障制度，是解决目前青海藏区农牧民剩余贫困问题的现实选择。青海藏区农（牧）区最低生活保障制度在2007年正式建立之前就已经有了特困救助，由于不是经常的、固定的，所以在2007年初和全国同年建立了青海藏区农（牧）区最低生活保障制度，到目前为止取得了一定的成绩，但由于新制度是刚刚开始，在执行的过程中还存在诸多问题。正是在此背景下，本书围绕青海藏区农（牧）区最低生活保障制度运行情况展开研究。

本研究以社会保障理论为基础，首先回顾了新中国成立以来青海藏区农

（牧）区最低生活保障制度的发展历程，以青海藏区最低生活保障制度的运行过程作为研究的切入点，综合分析了政策本身存在的问题以及实施过程中反映出的问题。同时，针对几个突出问题：最低生活保障标准、最低生活保障资金、扶贫开发与农村最低生活保障两项制度的衔接等进行专题分析。为了全面了解政策实施后农牧民对最低生活保障制度的认知度、满意度和实施效果的反映，课题组于2011—2012年对青海藏区6州100多户牧民家庭进行了最低生活保障方面的社会调查，调查问卷在经过筛选之后，使用统计方法处理，进行了描述性分析和相关性分析。其次，在借鉴国外社会救助制度经验的基础上，针对存在的问题，提出了改革和完善青海藏区农（牧）区最低生活保障制度的思路和建议。

目录

第一章　导　论

第二章　青海藏区农（牧）区最低生活保障制度的历史演进

第三章　青海藏区农（牧）区最低生活保障制度运行分析

第四章　青海藏区农（牧）区最低生活保障标准分析

第五章　青海藏区农（牧）区最低生活保障资金供求分析

第六章 青海藏区农（牧）区最低生活保障与扶贫开发衔接分析——以泽库县为例

第七章 青海藏区农（牧）区最低生活保障调查与分析

第一章　导　论

一、研究的背景及意义

（一）研究背景

农村最低生活保障制度是对农村家庭人均纯收入低于当地最低生活保障标准的家庭，按当地最低生活保障标准给予救助的制度，是在农村特困群众定期定量生活救济制度的基础上逐步发展和完善的一项社会救助制度。它维护了农村贫困人口的基本生存权利，帮助贫困人口摆脱贫困的处境，从而实现了城乡协调发展。农村最低生活保障制度是保障农村居民基本生存权的“生命线”，它在实施过程中必将会影响农村经济发展、政治稳定和社会进步等农村重大问题。在全面建设小康社会的进程中，农村最低生活保障问题更不容忽视。因此，在研究过程中，本书将把藏区农牧区农村最低生活保障制度的构建置身于统筹城乡发展、消除农村贫困、和谐社会的构建、新农村建设、西部大开发等宏观背景下进行深入探讨。

1. 统筹城乡发展及消除农村贫困

长期以来，中国政府一直重视“三农”问题，党的十一届三中全会就提出了我们党对待农民的基本准则：要在经济上保障农民的物质利益，要在政治上尊重农民的民主权利。改革以来，各级政府致力于农村改革和社会发展，但目前中国城乡差距仍过分悬殊和不断扩大，“三农”问题依然是制约中国全面建设小康、实现现代化的难题。“三农”问题表面上看是农村问题，实际上这一问题的解决，不能单靠农村自身，必须在城市与农村的互动中逐步解决。只有按照党的十六大提出的统筹城乡发展的战略思路，创新城乡发展战略，才能有效解决“三农”问题，加速全面小康社会的建设步伐。

根据我国农村的实际情况，现阶段建立农村社会保障体系，最迫切的是要解决农民“生有所靠、老有所养、病有所医”的问题，即办好最低生活保障、农村合作医疗、农村社会养老保险三种保障项目。其中，最低生活保障制度就是解决农民“生有所靠问题”，它是农村社会保障体系中最低层次的保障，是政府为农民设立的最后一道安全网。在整个农村社会保障制度中，最低生活保障制度的作用是其他社会保障措施所无法替代的。其他各项制度都不能最直接、最及时、最大限度地解决广大农民的生活困难问题，而只有农村最低生活保障制度才能使那些不能享受其他保险的生活贫困的个人和群体得到最起码的保障，而不至于使他们陷入生活无着落的困境。

青海是除西藏以外全国最大的藏族聚居区，藏区面积占全省面积的97%。青海资源储量潜在总值达 17.25 万亿元，占全国保有储量潜在价值的19.2%，是我国最重要的资源接续地区之一 。[①] 可以说，青海藏区的发展，直接影响着整个青海经济社会的改革、发展和稳定，在一定程度上也影响着全国的改革、发展和稳定。青海藏区的生态地理位置非常重要，是我国重要的高原生态屏障。但这些地区地处高寒缺氧地带，自然条件恶劣，生态环境脆弱，自然灾害频繁，基础设施薄弱，自我发展能力不强，农牧民仍处于贫困状态。由于历史和自然条件等多方面的原因，青海还是一个欠发达地区，特别是青海藏区，自然环境严酷，农牧民群众转移就业、养老保障、基本医疗等困难较多，影响着青海全面建设小康的进程。

2. 和谐社会的构建与新农村建设

农村最低生活保障制度的全面建立和实施，既是消除贫困、统筹城乡发展的重要制度安排，也是建设社会主义新农村和构建社会主义和谐社会的需要。

党的十六届六中全会做出了构建社会主义和谐社会若干重大问题的决定，指出：和谐社会是中国特色社会主义的本质属性，是国家富强、民族振兴、人民幸福的重要保证。这次会议明确提出了按照民主法治、公平正义、诚信友爱、充满活力、安定有序的总要求，以解决人民群众最关心、最直接、最现实的利益问题为重点，促进社会公平正义，完善城市低保，逐步建立农村最低生活保障制度。

2012 年 11 月，党的十八大指出，在新世纪新阶段，在中国共产党领导下，立足基本国情，以经济建设为中心，坚持四项基本原则，坚持改革开放，解放和发展社会生产力，建设社会主义市场经济、社会主义民主政治、社会主义先进文化、社会主义和谐社会、社会主义生态文明，促进人的全面发展，

---

① 青海省减贫发展战略研究项目办公室．欠发达地区科学发展之路［M］．北京：九州出版社，2011.

逐步实现全体人民共同富裕，建设富强民主文明和谐的社会主义现代化国家，并提出了“推动建设和谐世界”的目标。

回顾和总结十六大以来我们党构建社会主义和谐社会的成功实践，我们深切体会到，科学发展、社会和谐是发展中国特色社会主义的基本要求。与此同时，必须深入贯彻落实科学发展观，在经济发展基础上解决好人民最关心最直接最现实的利益问题，使改革发展成果更多更公平地惠及全体人民，保证人民过上更好的生活，进一步推进和谐社会的建设。

社会保障是国家干预收入分配和协调经济社会发展的重要手段，具有实现社会公平和促进共享国民财富的重要调节机制。通过健全和完善社会保障制度来化解现实社会的问题和矛盾，是构建和谐社会的重要内容和核心指标。因此，健全和完善包括农民最低生活保障在内的农村社会保障制度不仅刻不容缓，而且正逢其时。

3. 西部大开发及发展藏区社会经济

2008 年 10 月 15 日，时任国务院总理温家宝主持召开国务院常务会议，研究部署支持青海、四川、云南、甘肃藏区经济社会发展工作。国务院常务会议在研究部署支持青海等省藏区经济社会发展工作时，将加强青海三江源地区、青海湖流域等重要功能区的保护和建设提到了重点工作首位。会议指出，青海、四川、云南、甘肃省藏区是藏族与其他民族共同聚居的民族自治地方，是长江、黄河、澜沧江等江河的发源地及水源涵养区，是我国重要的高原生态屏障。为加快这些地区经济社会的发展，国务院有关部门在深入调查研究的基础上，制定了《支持青海等省藏区经济社会发展的意见》。其强调支持青海等省藏区经济社会发展，要深入贯彻落实科学发展观，坚持民族区域自治制度，从青海等省藏区实际出发，以加强生态保护和建设为重点，以改善民生为核心，把生态建设、改善民生、发展经济与维护稳定更紧密地结合起来。争取到 2012 年，使这些地区生态环境局部有明显改善，城乡居民收入接近或达到西部地区平均水平，基础设施进一步加强，重点产业和特色经济初具规模；到 2020 年，生态环境总体改善，城乡居民收入接近全国平均水平，基础设施比较完善，特色优势产业形成规模，全面实现小康社会目标。①

最低生活保障制度是城乡困难群体的最后一道安全网，实施好这项工作，

① 国务院关于支持青海等省藏区经济社会发展的若干意见［Z］. 国发〔2008〕34 号.

事关困难群体的切身利益，事关社会和谐与稳定大局。尤其对于青海省一半以上的农村人口来说，妥善解决广大农村困难群众的最低生活保障问题有着极其深远的现实意义。

（二）研究意义

最低生活保障事关困难群众衣食冷暖，事关社会和谐稳定与公平正义，是贯彻落实科学发展观的重要举措，是维护困难群众基本生活权益的基础性制度安排。青海藏区是青海省藏族与其他民族共同聚居的民族自治地方，改革开放特别是实施西部大开发战略以来，这些地区生态得到加强，经济得到发展，民生得到改善，正处在历史上最好的发展时期。但是，由于青海藏区生态环境十分脆弱，干旱、霜冻、雪灾、洪涝、沙尘暴等自然灾害时有发生，农牧业生产的难度不断增加，返贫人口时有增加，贫困面增大。极端的贫困给青海藏区甚至全国藏区的政治稳定和社会安宁带来了严重的负面影响。对藏区农（牧）区最低生活保障制度问题进行深入研究具有重要的理论意义和现实意义。

1. 研究的理论意义

理论上，有利于在完善制度、规范管理的基础上，积极探索与城市低保制度接轨的途径，逐步实现城乡统筹。新形势下，不断改善群众生活，缩小发展差距，共同繁荣进步，早日实现小康，是全体藏族人民的共同愿望。完善藏区农牧区最低生活保障制度有利于青海藏区经济社会的可持续发展，有利于深入贯彻落实科学发展观，有利于进一步坚持和完善民族区域自治制度，有利于进一步巩固和发展平等、团结、互助、和谐的社会主义民族关系，有利于民族自治地方经济社会又好又快地发展，有利于促进各民族共同团结奋斗、共同繁荣发展。同时，促进这一制度的研究逐步走向深入，丰富和发展社会保障理论。

2. 研究的现实意义

实践上，能改进青海藏区农牧区低保工作的操作方法，推动制定藏区农牧区低保相关政策，直接惠及农村贫困群众；有利于充分发挥农村低保的“最后安全网”的作用，缓解实施农牧区低保过程中滋生的许多新矛盾，减少和避免因温饱问题解决不当而引起的社会问题，促进新农村建设，构建和谐社会。

二、相关概念

（一）社会保障

“社会保障”一词源于英文“ social security”，原意是指“社会安全”，最初使用于美国 1935 年的《社会保障法》，国际劳工组织在一系列的公约、建议书中也沿用了这一名词。1944 年，第 26 届国际劳工大会发表《费城宣言》，表明国际组织正式采纳“社会保障”一词。①

1. 社会保障的含义

对于社会保障这个概念，不同的国家和地区有着不同的见解，国际劳工组织在 1942 年出版的文献中给社会保障下的定义是：通过一定的组织对这个组织的成员所面临的某种风险提供保障，为公民提供保证金、预防或治疗疾病、失业时资助并帮助他们重新找到工作。在 1948 年 12 月 10 日联合国通过的《人权宣言》中，对社会保障也有定义：每个人都有权使本人及家庭达到生活康乐，这不仅包括有权得到食物、衣着、住宅、医疗等其他社会基本服务，而且包括遇到失业、残疾、丧偶、年老或由于非本人所能控制的其他原因而带来生活困难时，有权获得基本保障。②

我国社会保障制度的研究始于 20 世纪中期，在第七个五年计划开始使用“社会保障”一词。虽然起步较晚，但对社会保障的界定已基本达成一致的认识。计划经济体制时期，我国的社会保障是一个狭义的概念是指：“国家和社会依法通过对国民收入进行分配，形成社会消费基金，对社会成员在生、老、病、死、伤、残、丧失劳动力或因自然灾害面临生活困难时给予物质帮助，以此来保障每个公民的基本生活需要和维持劳动力再生产而建立的一种制度。”随着社会经济体制由计划经济体制向市场经济体制的转变，社会保障制度的内涵也发生了变化。根据《国民经济和社会发展“九五”计划和 2010 年远景规划目标纲要》中提出的社会保障制度改革的目标看，社会保障制度是指“国家、社会或个人对社会成员提供一系列基本生活保障，使公民在年老、疾病、失业、灾害及丧失劳动能力等情况下，能获得物质帮助的制度。”作为一个广义的概念，我国政府界定的社会保障制度不仅包括狭义的社会保障制度（国

① 钟仁耀 . 社会保障概论［M］. 大连：东北财经大学出版社，2012.

② 穆怀中. 社会保障国际比较［M］. 北京：中国劳动社会保障出版社，2010.

家为公民提供各种基本生活保障的制度），而且包括企业、团体、家庭和个人提供的各类保障。[①]

2. 基本社会保障体系

目前，我国社会保障体系包括两部分：基本社会保障体系（图 1-1）和补充保障体系。一般理解的社会保障体系主要是指基本社会保障体系。

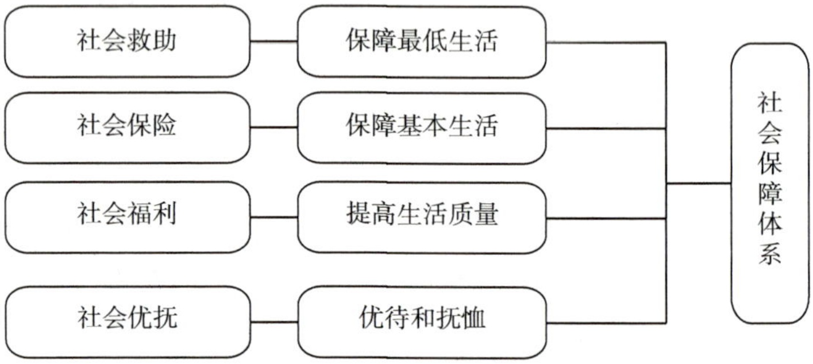

图 1-1 基本社会保障安全网示意图

由图 1-1 可以看出，我国的基本社会保障体系包括社会救助、社会保险、社会福利、社会优抚。其中，社会救助属于社会保障体系的最低层次，其目的是保障由各种原因造成生活困难无法维持最低生活水平的公民，享有最低水平的生活保障，被救助的对象主要是社会中的弱势群体。社会保险在社会保障体系中居于核心地位，其目的是保障劳动者或全体社会成员的基本生活需要，属于基本性的社会保障。社会福利是社会保障的最高层次，其目的是增进群众福利，改善国民的物质文化生活。社会优抚是社会保障的特殊构成部分，其目的是优待和抚恤，属于特殊阶层的社会保障。补充保障体系包括家庭保障、企业年金、商业保险、慈善事业、社会互助等。

（二）最低生活保障

国际上将最低生活保障统称为“社会救助制度”（Social Assistance Program），是指某一地域的居民收入低于该地域某一特定最低生活保障标准，而享有依法获得基本生活物质帮助的权利。各国对此制度的称法不同，英国将其称之为国民救助，美国称之为公共救助，日本称之为生活保护制度，在德国称为低收入家庭救助和特殊困难家庭救助。

---

① 陈佳贵，王延中. 中国社会保障发展报告［M］. 北京：人民出版社，2010.

我国的最低生活保障制度属于社会救助制度的范畴，目前我国的社会救助包括：最低生活保障制度、农村五保户救助、灾害救助、医疗救助、教育救助、住房救助、法律援助等。其中，最低生活保障制度是社会救助制度的最主要内容。国内学者对该制度给出了不同的定义，大部分学者认为，最低生活保障制度就是国家和社会对无法定义务抚养人、无劳动能力、无生活来源的老年人、残疾人、未成年人或者因天灾人祸造成生活困难而不能完全保障基本生活的城镇无业居民和农村村民，以及低收入群体给予物质帮助的一种制度。①

（三）农村最低生活保障

国外的研究几乎没有农村居民最低生活保障制度的称谓，他们大都把对贫困农民的救助和保障纳入到国家统一的社会救助体系之中，在保障对象上没有明显地将市民和农民加以区别。国外学者们普遍认为社会救助是一种古老的社会保障制度，是农村社会保障体系的基础，其主要社会功能是为满足贫困者及其家庭成员基本生活需要而提供必要的救助。

由于我国城乡二元经济、社会结构的长期存在，根据救助对象的不同分为城市居民最低生活保障制度、农村居民最低生活保障制度。农村居民最低生活保障制度可以定义为：国家对家庭年人均纯收入低于最低生活保障标准的农村居民，按照保障标准进行差额补助的新型社会救助制度。②

（四）最低生活保障制度的特征

世界各国普遍实施的社会保障的基本功能，是保障和完善本国贫困居民物质生活的安全网，防止社会动荡，即各个国家根据本国的法律和法规，制定以保证社会成员的基本生存权利为目标，通过向受益人提供救助和补贴的一种制度。这是社会保障制度在世界各国的共同之处，但是由于各国的国情、经济、文化的不同，使得各国社会保障制度存在差异。而我国正处于社会主义初级阶段，城乡发展不平衡，社会保障体系不完善，在这种特殊的经济环境下决定了我国农村居民最低生活保障具有以下几个特征。

1. 救助对象的独特性

把家庭人均收入低于当地规定的最低生活保障线的贫困人口作为农村最

---

① 杨宪彬．我国农村最低生活保障法律思考［J］．重庆电子工程职业学院学报，2011（5）．

② 民政部社会救助司，财政部社会保障司．最低生活保障工作读本［M］．北京：中国社会出版社，2009.

低生活保障的保障对象。这也是区别于社会保障体系中的社会保险和社会福利所独有的特征。社会保险的受益人为在职的全体劳动者，是由国家强制参加社会保险，同时履行缴费义务；社会福利则是面向全体公民，侧重于提高和改善全体社会成员的生活质量。

2. 权利和义务的单向性

只要符合救助条件的公民就有权利申请最低生活保障的救助，对受益人而言，只享受国家和社会给予的现金和物质的权利，无须承担相应的义务，也不需要缴纳任何费用，但对申请享受最低生活保障的公民要经过严格的家庭收入调查。最低生活保障资金的来源主要是财政拨款。

3. 救助标准的低层次性

农村最低生活保障制度的目标是克服贫困，保障的是贫困人口最基本的生活水平，不同于社会保险能够改善或提高居民的生活质量，处于社会保障体系的最低层次。符合救助对象的公民，政府和社会有义务提供现金或物质上的救助，这种救助是最直接维持贫困农民的吃饭、穿衣、用水等基本需要。由于城乡经济的差别，农村居民的基本生活水平要远远低于城市居民生活水平，最低生活保障标准也低于城市低保的保障标准。

4. 时间上的持续性

农村居民最低生活保障制度在时间上具有的特点是持续性，这也是区别于社会福利临时性、短期性的特点。保障对象主要是收入低于保障线以下的农村居民，符合这一条件的农村居民，就可以向当地政府申请最低生活保障的救助，取得国家给予的物质帮助。这种救助不是一次性给予，在其收入未达到当地政府规定的保障线的农村居民，可以定期取得一定数量的救助。

三、最低生活保障制度产生的时代背景及理论基础

（一）最低生活保障制度产生的时代背景

国外最早的社会保障制度是以社会救助形式出现的，社会救助的产生经历了从民间慈善事业到政府立法济贫的过程。对贫困者给予救济，最早可追溯到原始社会末期的社会成员之间的互助行为。后来，社会用成文或不成文的社会规范将其固定下来便有了慈善事业。16 世纪英国出台了《济贫法》，它是现代社会保障制度产生的标志，它使社会保障制度最低层次的措施即社

会救助第一次采取立法形式公之于世，开创了国家立法推动社会救助事业的先例，开启了社会保障制度的先河。

在当时，以社会救助为代表形式的社会保障制度在英国产生有其深刻的历史背景。从英国的发展史可知，16 世纪由于海上航线的开辟，作为海上岛国的英国国际贸易兴旺起来，打开了毛纺织品的销路，促进了养羊和毛纺工业的迅速发展。于是，英国新贵族阶层采取“圈地运动”，强行驱赶农民，霸占土地、山林，铲除地界，建立大片的私有牧羊场。可养几万只羊的大牧场出现了，但大批的农民被赶出家园，农民被迫流离失所、背井离乡，到城市里去寻找生存空间。这就是英国产业革命前的“羊吃人”的圈地运动。由此，社会结构发生了急剧变化，贫苦的农民成为农场或工厂的雇佣工人，工人一旦无工可做，生活就失去了来源；随着资本主义生产方式的形成，大批小手工业者破产，也逐步形成了又一支失业大军；生产过程中，工伤、意外事故不可避免，使当时的英国统治者面临大量的贫民生活无着落、偷盗、乞讨等社会问题需要解决。为此，英国政府从 1531—1597 年间通过了多项救济贫民的法令。这些法令编纂、补充成为法典，于 1601 年颁布执行。

到了 19 世纪初，随着产业革命的深化和资本主义的发展，工人的工作负担日益沉重，待遇变差，失业人数不断增多，需要救济的人日益增多，导致济贫费用逐年增加，财政不堪重负。于是英国议会成立了“济贫法”调查委员会，根据 1817 年和 1832—1834 年该调查委员会的报告，于 1834 年通过了《济贫法》修正案。从以上分析可看出，社会生产力的发展产生了私有制，贫富差距不断加大，生产社会化的发展使家庭功能弱化，使社会救助产生成为必要，而社会救助的思想传统及慈善机构的出现为社会救助的产生奠定了社会基础。中世纪末期，各类社会救助组织在英国就已颇具规模，社会救助行为也普遍存在，主要是通过都会举办的慈善事业，包括建立孤儿院、医院，给贫困者食物与住房的援助等。[①] 这种慈善事业在一定程度上解决了贫困问题，伴随着圈地运动的进行，它更是获得了长足的发展和完善，这些都为社会救助制度的建立提供了重要的基础。

---

① 罗志如，厉以宁．20 世纪的英国经济——“英国病”研究［M］．北京：人民出版社，1982.

（二）最低生活保障制度的理论基础

1. 市场失灵理论和政府失灵理论

（1）市场失灵理论

在市场经济体制下，社会资源的配置通过价格机制的作用来实现，但市场调节及价格机制发生作用有一定的条件，而市场本身不是万能的，萨缪尔森指出，"市场不是理想的，存在着市场失灵"，即市场无法有效率地分配商品和劳务。由于市场机制在配置资源的过程中存在着自发性、滞后性和不稳定性而导致收入与财富分配不公，外部负效应问题以及市场垄断等问题。一旦发生市场失灵，就需要有政府出面来干预社会和经济等领域。社会保障制度正是在市场失灵的情况下建立和发展起来的，用以解决市场无法解决的社会问题。①

通过社会保障的相关政策手段，政府在社会经济生活中扮演着公共物品的提供者、外在效应的消除者、收入和财富的再分配者、市场秩序的维护者和宏观经济的调控者等角色。政府采取了一系列的干预行为来调节市场机制，既要保证市场运行的外部条件，又要作为市场机制的补充。

（2）政府失灵理论

政府失灵并不是最近产生的，随着政府调控的力度越来越强，人们逐渐发现，如同市场本身有缺陷、市场会失灵一样，政府本身的行为也有其内在的局限性，政府同样也会失灵，市场解决不好的问题，政府也不一定能解决好，而且政府失灵将会带来更大的灾难，造成更大的资源浪费。这就在客观上促使人们在分析政府与市场关系时，从原来对市场失灵的关注转向对政府失灵的关注。在布坎南看来："政府作为公共利益的代理人，其作用是弥补市场经济的不足，并使其他人员所做决定的社会效应比政府进行干预以前更高。否则，政府的存在就无任何经济意义。但是政府决策往往不能符合这一目标，有些政策的作用恰恰相反。它们削弱了国家干预的社会'正效应'，也就是说，政策效果削弱而不是改善了社会福利。"②20 世纪 70 年代以来的社会保障制度改革中，政府失灵理论越来越受到重视。在社会救助方面，政府失灵表现为片面地强调政府在社会救助中的作用，结果导致了社会保障的发展程度超

---

① 萨缪尔森．萧琛，译．经济学［M］．北京：华夏出版社，1999.

② 布坎南．吴良健，译．自由、市场和国家［M］．北京：北京经济学院出版社，1988.

越了经济发展水平并产生了消极影响。

因此，必须全面地把握开展社会保障工作中存在的政府失灵和市场失灵的现象，使二者相互补充、相得益彰。一方面，市场由于自身的缺陷，存在失灵，尤其在公共领域更容易出现市场失灵，在社会保障中市场失灵主要体现有：商业保险市场逆选择；道德风险及其后果；老年储蓄不足；信息不完备及近视病。另一方面，政府在社会保障中也会失灵，主要表现有：政府“代理人民”设想、制定社会保障制度无法真实地反映社会保障的需要，从而导致资源配置低效率；成本和收益之间分离导致低效率；负担和义务的分离导致低效率和不平等。

2. 负所得税理论

1962 年，米尔顿·弗里德曼在《资本主义与自由》一书中提出负所得税理论。他认为：当收入在纳税标准扣除额以下时，应以负所得税的形式享有收入补贴，其实质是通过补贴穷人的收入来扩展所得税，补贴的数额就是穷人未曾使用的所得税减免份额。弗里德曼认为这种负所得税将确保低收入者获得一定的经济帮助，而与此同时又避免了现行福利计划的大部分缺陷。首先，它使公共基金集中用于穷人，因为负所得税直接以贫困为特定目标，所以，与目前的计划系列相比，它既可以更多地帮助穷人，又可以大大地减少耗费。其次，从动力的角度出发，实行一种尽可能低的税率当然是最理想的，但是这一目标不得不受到最低收入维持水平的制约，而这种负所得税制极大地降低了收入的边际税率，与现有税制比较，将使穷人具有较大的自助动力。负所得税的具体做法是：负所得税 = 最低收入指标 −（实际收入额 × 负所得税税率）。由于负所得税理论就是针对贫困人群的救助而设计，所以在我国的农村最低生活保障制度的建设中完全可以借鉴，对农村贫困人口的差额补贴方式和额度进行规划。目前我国农村最低生活保障的差额补贴额度采用如下公式加以计算：差额补贴额 = 最低收入指标 − 实际收入额。①

我国当前大部分农村最低生活保障标准还比较低，难以保障农村贫困家庭的生存和发展需要，使得这些家庭无法获得相应的发展资源，从而难以走出贫困。在供给资金有限的情况下，很多低于农村低保标准线的家庭不能享受应有待遇，从而衍生了除收入外的其他方面的苛刻的享受条件限制，出现

---

① 米尔顿·弗里德曼．张瑞玉，译．资本主义与自由［M］．北京：商务印书馆，2009.

了较多的不公平现象。负所得税制度恰恰可以从税收的角度给予农村贫困人口更可靠、更有力、更规范的生活保障，对国家和各地方政府的税收使用也是一种更合理的分配和监督。

3. 贫困理论

从理论渊源上讲，最早对贫困问题进行探讨的是英国经济学家马尔萨斯。在其代表作《人口原理》中，最早对贫困问题进行了理论探索，显然他是站在资产阶级立场辩护无产阶级贫困的原因。他认为，[①]资本主义社会中的贫困并不是由资本主义私有制造成的，贫困自身是贫困的原因。因为：一是“两性间的情欲”会导致人口在食物供应允许的范围内最大限度地扩张；二是人口的加速增长使劳动力的供给增加，从而对既定的土地资源形成压力，一旦这一过程趋于恶化，其结果只能是饥荒和死亡的增长；三是从长期看，食物供给的增长滞后于人口的增长，即食物供应是按算术级数增长，而人口则是按几何级数增长的，因此贫困是不可避免的，它与资本主义私有制不相干。不仅如此，他还企图证明，私有制还是使人口和生活资料保持平衡的最有效的制度。

贫困作为一种社会生存状态，其概念的理解和界定缺乏统一性。世界银行在以“贫困问题”为主题的《1990年世界发展报告》中，将贫困界定为“缺少达到最低生活水准的能力”。

欧共体委员会《向贫困开战的共同体特别行动计划的中期报告》中也给贫困下了一个定义：贫困应该被理解为个人、家庭和人的群体的资源（物质的、文化的和社会的）有限，以致他们被排除在所在国的可接受的最低限度的生活水平之外。《2000/2001世界发展报告》中对贫困进行了一个更为全面、深刻的定义，报告认为，贫困不仅指物质匮乏、低水平的教育和健康，而且包括风险性和面临风险时的脆弱性，不能表达自身的需求，以及缺乏影响力。美国经济学家萨缪尔森曾指出，贫困是一个非常难以捉摸的概念。英国学者奥本海默也提出，贫困本身是一个模糊的概念，它不具备确实性，并且随时间和空间以及人们的思想观念的变化而变化。美国经济学家莫利·奥姗丝凯认为，贫困像美丽一样，因观看者的不同而异。阿玛蒂亚·森指出，贫困主要是指能力不足或者权利缺失，而不只是收入低下。20世纪初，英国的本杰

---

① ［英］马尔萨斯．陈小白，译．人口原理［M］．北京：华夏出版社，2012.

明·朗特里和查尔斯·布思提出了绝对贫困和相对贫困两大类型：绝对贫困者是指在一定的社会生产方式和生活方式下，个人和家庭依靠劳动所得和其他合法收入不能维持基本的生存需要，生活不能温饱，难以维持劳动力再生产，这样的个人（或家庭）称之为贫困人口（或家庭）；相对贫困是指相比较而言的贫困，即温饱基本解决，简单再生产能够维持，但低于社会公认的基本生活水平，缺乏扩大再生产的能力或能力很弱。

如何识别贫困，我们认为：贫困的核心概念是能力、权利和福利的被剥夺，贫困不只是收入的贫困，它是一个多维度的现象。① 如果从维度来定义贫困类型，贫困可分为收入贫困、人类贫困、信息贫困和生态贫困。收入贫困是指物质条件的贫困，缺乏最低水平的、足够的收入或支出。人类贫困是指生存状态的贫困，缺乏基本的生存能力。对人类贫困的关注主要体现在教育贫困、健康贫困、交通贫困及住房贫困。信息贫困是指缺乏获取、交流、应用和创造信息的能力，或者缺乏权利、机会与途径获得这一能力。生态贫困是指基本生存环境的贫困。由于生态环境不断恶化，超过其承载能力而造成不能满足生活在这一区域的人们基本生存需要的贫困现象。四类贫困相互叠加，相互作用，互为因果。收入贫困可能导致自身及下一代的人力贫困与知识贫困。而人力贫困与知识贫困则反过来又导致收入水平难以提高，成为收入贫困的根源；生态贫困实质上是人类发展基础自然条件的贫困，它可能成为其他三类贫困的根源，同时也因其他贫困人口过渡向自然索取，而加剧了生态贫困。

衡量贫困的基本指标有贫困人口和贫困发生率。贫困线又叫贫困标准，在不同国家有不同的标准和解释，贫困线会随贫困人口规模变化。总的说来，所谓“贫困线”是指在一定的时间、空间和社会发展阶段的条件下，维持人们的基本生存所必需消费的物品和服务的最低费用。贫困线是一个国家为救助其社会成员收入难以维持家庭基本生活需要者（也可称为低收入者）而制定的一定的救济标准或界限。贫困线分国内贫困线和国际贫困线，国内贫困线由本国政府制定，生活在国内贫困线下的人口成为国内线贫困人口，国际贫困线即世界银行提出的人均日支出 1 美元线，生活在这条线下的成为国际线贫困人口。

---

① 青海省减贫发展战略研究项目办公室．欠发达地区科学发展之路［M］．北京：九州出版社，2011.

4. 马斯洛需求层次理论

美国心理学家马斯洛在《人类动机的理论》一书中提出需求层次论。马斯洛需求层次理论认为人的需求是有层次的，按照从低级到高级的顺序将人的需求分为五个层次：第一层是生理需要，是个人对基本生活条件的需要如吃、喝、住；第二层是安全需要，包括身体上、精神上的安全；第三层是社交需要，每个人都是社会的一员，在生活、工作上都需要结交朋友，彼此互相帮助、互相交流；第四层是尊重需要，每个人都有自尊心，都希望得到尊重；第五层是自我实现需要，指通过自己的努力实现自己人身价值。该理论的提出是根据三个基本假设：第一，人要生存，人的需要能够影响他人的行为；第二是人的需要有层次性，从简单的（如衣、食）到复杂的（如实现自我价值）；第三，人的需求具有传递性。①

人对高一层需求的满足是建立在某一级需求得到满足的基础上实现。他认为，五类需求在需求层次中的不同地位决定了人对需求的强烈程度。在当今社会，占人口总数 80%② 的人的需求都是遵循着马斯洛需求层次理论的。并且人们都是优先满足生理需求，基本的需求得到满足后才进一步追求更高一级的需求，位于需求层次理论的高层——自我实现的需求最难以满足。要实现金字塔顶端的需求单靠个人的力量是不够的，应该充分发挥整个社会的力量，尤其是在经济发展水平较低的农村，要想提高农村居民的心理需求的满足度，更应该充分发挥社会保障的优势。

马斯洛的需求层次理论从不同角度阐述人的需求，为农村最低生活保障制度在农村保障体系发挥其主要功能提供了理论依据。农村最低生活保障制度的目标就是解决农村居民的最基层的需求——生存需要。依照马斯洛的需求层次理论，要想其他几个层次的需求成为人发展的动力必须先满足生存权的需要。换言之，只有在农村建立农村最低生活保障制度，使生活困难的农民的基本物质生活需求得到实现，才能提高他们自力更生的能力，实现自己的人生价值，尽自己的努力为社会的发展做贡献。

5. 二元经济理论

美国经济学家刘易斯早在 20 世纪 50 年代就提出发展中国家经济增长的

---

① ［美］马斯洛．许金声，译．人类动机的理论［M］．北京：中国人民大学出版社，2007.

② 梁润冰．我国农村最低生活保障制度体系构建探析［J］．湖北行政学院学报，2007（1）.

主要内容。后期的研究学者拉尼斯与费景在刘易斯研究的基础上对二元经济结构做了更深入的研究，并提出如何调整二元经济结构的方法。刘易斯等人对二元经济结构的解释是：一个社会的经济是由两个不同的部门来实现，即以制造业为中心的现代部门和以农业、手工业为主的传统部门。这两个部门分别分布在城镇和农村中。但是二元经济结构的实质是指一个社会资源配置的基础手段或社会经济的运行机制，并非是统一的。

改革开放以来，我国经济取得了重大成就，城市和农村的发展水平都有了进一步提高，但是城市与农村之间的差距却进一步拉大，二元经济结构特征日趋明显，由此引发了一系列社会问题。建立农村最低生活保障制度，解决农村地区绝对贫困人口的生存问题，是缓解二元经济压力的首要问题。保障农民的切身利益需要农村社会保障制度来实现，但是目前我国农村社会保障体系仍不健全，有一些社会保障的内容将农民排除在外，享受不到政府的救助。因此，政府必须为农村贫困人口提供生存保障，进一步完善农民社会保障制度。

以上理论从不同角度为建立农村最低生活保障制度提供理论依据和基础，我国现实农村农民的收入、消费、储蓄等，要求农民必须享有一定的保障。一方面通过对农村经济的扶持，逐步完善农村社会保障体系；另一方面以保障制度的不断完善来推动农村经济的发展。

四、国内外研究现状综述及评价

农村最低生活保障制度是国家为保障收入难以维持最基本生活的农村贫困人口而建立的一种社会救助制度。建立农村最低生活保障制度，是消除城乡差别、构建和谐社会的重要举措。

（一）国外研究现状综述及评价

1. 国外农村社会保障制度的研究概况

国外没有农村居民最低生活保障和城市居民最低生活保障之分，同时也没有“最低生活保障”这一名词的称谓，更多的是统称社会救助制度。因此，国外对农村最低生活保障没有太多针对性研究，大多集中在对社会救助的研究方面，主要从一般贫困问题入手并结合其国家特定时期问题开展理论和对策性研究。

关于农村社会救助制度的立法。国外高度重视农村社会救助的立法工作。不论是社会救助制度有着悠久历史的发达国家还是相对落后的发展中国家，都十分重视社会救助的法制建设，都把立法作为实施社会保障制度的突破口，视立法为基础性、关键性的根本环节。例如，世界上最早立法建立社会救助制度的国家——英国政府对贫困群体非常重视，早在1601年伊丽莎白女王就颁布了《伊丽莎白济贫法》；德国政府在1942年制定了关于政府救济的法令；美国的社会救助制度形成于20世纪三四十年代。1935年，罗斯福总统领导制定了人类历史上第一部较为完整的社会保障法；法国的《家庭及社会救助法典》、日本的《救护法》都明确了社会救助的内容、形式等，韩国、阿根廷、印度尼西亚等国家也颁布了专门的社会救助法规。国外学者认为，低收入者持续稳定的获得来自于政府的救助，这种救助应该由法律明确和监督。在社会救助领域中流动着的不仅仅是实际性的救济物资、衣物、钱粮等，还渗透和体现在社会救济提供者、传递者、分配者和接受者的各种价值取向和观念。社会救助领域中的救济观念不仅影响社会救助的内部结构和具体措施，而且还制约着社会救助制度预期功能的发挥。经济学家穆勒指出，“完全应该由法律来规定给予身体健康的穷人多少救济而不应让他们依赖私人施舍过活，国家必须按一般规则行事。对所有穷人一视同仁，甚至最坏的穷人也应该给予适用于所有穷人的最低限度的救济”。

关于社会救助制度的内容。世界各国都从本国的实际情况出发确立适合自己国情的社会救助的不同内容。英国的《补充救助法》规定，凡16岁以上的英国公民，如果收入来源不能满足最低生活需要者，都可以申请社会救助。社会救助主要包括低收入家庭、老龄、儿童、失业、疾病救助等；法国的社会救助包括失业救助、老弱病残救助、家庭津贴和补贴等方面；德国的社会救助分为两类，一类是特殊困难的救助，包括残疾人、老人、病人、孕妇、产妇、在国外的德国人。另一类是低收入家庭的救助，这种救助面向全社会。

关于农村社会救助的标准。由于贫困是动态的范畴，因而对于贫困人口的社会救助自然具有其动态性和复杂性，国外学者认为应不断调整社会救助的标准。西方各国在实际操作中经常根据本国实际情况不断调整贫困线，并且总的趋势是不断调高救助标准，低保水平不断提高。总的来看，对社会救助标准实行动态化管理是世界各国的普遍做法。对贫困程度的测量一般是通过一定的方法确定贫困标准，再根据居民的收入状况等因素来判断是否需要给予救助。目前，对贫困的测量方法有以下几种：市场菜篮法、恩格尔系数法、生活形态法、收入比例法、数学模型法、马丁法等。

20 世纪 70 年代以来，国际社会救助理论和实务研究取得了长足的发展。Eardley.T 等（1996）对经合组织（OECD）24 个国家社会救助的结构、救助标准、管理及救助人数和支出等方面作了全面详细的比较研究。后来，OECD（1998a，1998b，1999）连续开展了三项比较研究，研究的内容包括 8 个成员国社会救助的结构和标准的合理性、长期福利依赖的预防以及如何实现社会救助政策和劳动力市场政策的整合。Holzmann.K 在文章中对社会救助过程中的一些有关被救助对象中不遵守规定的人而采取的制裁做法。例如，对于谎报和虚假，欺诈信息将停发一段时间的福利救济金，或者降低和取消福利金。[①] 同时，Eardly 还提出了"福利""权利"等概念正失去在社会救助层面的作用，取而代之的是相互责任的思想。Neil Gilbert 在《Dimensions of social welfare Policy》一书中，提出了四层三维的社会政策分析框架。[②]

由于中国是具有代表性的发展中大国，国际上有不少学者对中国的问题进行了研究。Khan 以支出为指标估算了中国的城镇贫困线（Khan，1997）。汤玛斯·伯尼斯顿在研究了中国农村的行政管理和公共服务财政问题之后指出，从历史上看，中国政府一直利用农业来支持国家的工业化，同时也在农村和城市实施不同的教育、医疗和最低生活保障政策，这种做法造成了城乡差距和城乡公共服务不均等的现象（Liand Gustafsson，2001）。Carter（1997）的研究认为，城市倾向的经济政策对城乡收入差距有一系列的间接影响，在城乡健康、住房和教育方面的支出不均等，会进一步扩大城乡收入差距，对中国未来的经济增长不利。因此，城乡之间在公共服务均等化方面的问题需要引起学界和政府部门的高度重视，农村最低生活保障制度也需要政府加以重视。

2. 简要评价

国外学者大多着眼于全民的社会救助，并不区分城市和农村，而且对社会救助的定位基于法律的权利与义务，相关法律和措施也比较健全，目前我国流行的一些计算最低生活保障标准的方法也来源于国外的理论与实践。在

---

① 毕天云．社会福利的场域习惯［M］．北京：中国社会科学出版社，2004.

② Neil Gilbert，Paul Terrell．黄晨熹，等，译．社会福利政策导论［M］．北京：高等教育出版社，2003.

对中国问题的研究方面，国外学者更侧重在城乡发展等较为宏观的视角上，具有较强的理论性，但由于对中国具体问题的了解还不够深入，难以把握中国的国情。

（二）国内研究现状综述及评价

我国农村最低生活保障的研究始于 1994 年，这一期间的农村最低生活保障制度研究并非作为独立研究成果出现，而是大多散落在关于农村贫困问题的研究中。2001 年后的研究文献数量开始大量出现，成为理论界研究的热点问题之一，通过对 2001—2010 年有关农村社会保障理论的论文进行检索，与社会保障问题研究相关的论文共有 117636 篇，其中与农村社会保障问题研究相关的论文有 5742 篇，基本上占社会保障论文总数的 5%，而涉及农村最低生活保障问题研究的论文占总数的 17%，这表明我国农村最低生活保障理论基础研究进入新的阶段。①

1. 国内农村最低生活保障制度研究综述

我国学者主要从制度立法、保障对象的确定、保障标准、资金的来源等方面对农村最低生活保障制度进行研究。

在制度立法方面。余兴厚、蔡防（2007）等学者认为：由于我国农村最低生活制度起步较晚，发展不完善，缺乏相应的制度和法律支持，使我们在确定保障对象、保障标准及资金方面缺乏规范性，这严重制约了我国农村最低生活保障制度的发展。② 在我国经济高速发展的今天，二元结构的出现，导致贫富差距拉大，财政部农村最低生活保障研究小组（2007）认为：建立科学化、规范化的农村最低生活保障制度对保障农村贫困人口最基本的生活需求具有十分重要的意义，同时也有利于农村社会保障的完善和发展。

在保障对象的确定方面。张时飞（2003）通过多年的实际调查发现：我们现存的农村最低生活保障制度在确定保障对象方面存在着很多缺陷。他认为贫困对象的选择不能过分集中在食物上，还要考虑其他需求，要根据县域内不同地区经济发展状况，确定保障对象。并加强社区对农村最低生活保障制度的参与，使救助资金花在该花的地方。③ 我国在保障对象的选择方面还不

---

① 刘晶．农村居民最低生活保障制度：基于制度效率的分析［J］．商业研究，2009（8）．

② 梁海燕．南通市城乡居民最低生活保障制度的统筹发展研究［D］．上海交通大学，2009.

③ 吴锦顺．农村最低生活保障制度若干问题探讨［J］．剑南文学，2009（11）．

规范，根据财政部农村最低生活保障调查小组（2007）的跟踪“五保户与低保对象关系”的调查中发现，有些地方出现了五保户未被纳入保障对象的现象。由于制度的不规范使我们在选择保障对象上出现了差异，这需要我们建立相关的制度，以确保我们能选择保障对象。①

在确定保障标准方面。选择什么样的救助标准，既能保障农村贫困人口的生活又能不加重财政负担，学者们也进行了相关研究。最基本生活保障的代表学者高伟娜（2006）认为：农村最低生活保障的标准应根据农村最基本生活支出、当时的物价水平、政府财政承受能力、农民的纯人均收入来确定，并根据不同时期经济发展状况做出相应的调整。综合要素型代表学者张平平、尹洁（2007）认为：农村最低生活保障标准的确定应遵循“低标准、广覆盖”的原则。根据各地经济发展状况，保障标准应该有层次性和差别性。②

农村最低生活保障资金的来源方面。资金是建立农村最低生活保障的核心，农村最低生活保障资金来源渠道是否广泛，这对农村最低生活保障制度的发展具有重要的影响，相关学者就这一问题做了一系列的研究与分析。陆洁华、吕智浩（2008）等认为：农村最低生活保障制度是一个长期的投入过程，我们应建立以中央财政为依托，多种筹资渠道的融资方式，广泛吸收慈善事业、社会捐赠、民间资金的融资模式，同时建立农村最低生活保障基金，加强资本市场上的运作。③ 刘玉森（2006）等认为：福利彩票不仅是公共事业基金，也是农村最低生活保障资金的来源之一。

2. 简要评价

我国对于农村最低生活保障制度的研究已积累了大量的基础性成果，对制度建设过程中的方方面面均有涉及，为今后进一步研究农村最低生活保障制度，提供了丰富的理论基础。④ 但从目前国内的研究来看，仍存在以下几方面的不足：

（1）偏重于从经济学或社会学角度进行最低生活保障制度研究，忽视对农村最低生活保障制度进行跨学科理论上的综合研究。农村最低生活保障制度涉及社会学、政治学、法学、经济学、公共管理学等多个学科领域，尤其

---

① 汪柱旺．我国农村最低生活保障制度体系构建探析［J］．金融与经济，2009（1）．
② 吴锦顺．农村最低生活保障制度若干问题探讨［J］．剑南文学，2009（11）．
③ 崔巍．完善江西省农村最低生活保障制度研究［D］．江西财经大学，2008．
④ 吴霞．构建我国农村最低生活保障制度的基本点［J］．理论界，2009（12）．

是农村最低生活保障制度的价值取向和模式选择等问题，更是受到多种因素（包括经济和非经济因素）的影响，而大部分文献在研究此类问题时角度较为单一，缺乏多学科理论综合研究。

（2）最低生活保障制度研究中实践操作层面关注得多，基础性和理论性问题研究得少，理论深度挖掘不够。现行的相关研究资料中，对于该制度在现实生活中的实施情况、存在的问题以及完善的措施描述得比较多，而对于更深入一些的理论问题，如最低生活保障制度的价值取向、理念追求、理论支持等，则缺乏细致的探讨。最低生活保障制度作为一项公共产品，它规范了人们接受政府援助的权力，也明确了政府提供的义务，但政府如何公正、有效地履行该项义务，各级政府在提供最低生活保障中的职责如何划分，也是一个值得深入探讨的问题。①

（3）动态研究较少。在介绍国际经验的基础上，注重静态研究，忽视动态研究（如制度、模式演进规律及影响因素等）；注重在国外的普遍性和有效性，未能充分考虑中国的实际情况和国外与国内在制度基础、背景等方面的差别。另外，重视对当代西方国家救济制度现状的研究，忽视对西方国家社会保障制度发展演进的研究。②

（4）对农村最低生活保障标准缺乏系统、规范的研究。农村最低生活保障标准的合理确定是农村最低生活保障工作的重要一环，保障标准的高低直接关系到政府的财政负担，直接影响到农村最低生活保障制度的成效。然而，目前农村低保标准的确定大多是参照贫困线来确定，或在其基础上根据本级政府的财政能力作一定幅度的调整，而不是严格按照最低生活保障制度的内涵及农村基本生活需求来制定，对农村最低生活保障标准缺乏科学、合理的界定与测算。从而影响了农村最低生活保障制度的功能和实施效果，难以做到“应保尽保”。

在今后的研究中，我们可以将西方福利经济学理论的公平与效率的研究成果运用到我国农村最低生活保障制度的研究中，对农村最低生活保障制度实施中的行为对策进行分析，在理论框架上寻找完善农村最低生活保障制度的创新。

---

① 孙启泮．农村居民最低生活保障制度的现状、问题与对策［J］．中国民政，2008（6）．

② 陈美．关于全面建立我国农村最低生活保障制度的若干思考［J］．经济研究导刊，2007（12）．

五、研究的思路与方法

（一）研究思路

本书研究思路是以社会保障的基本理论为指导，对国内外文献综述与政策评述，回顾青海藏区农（牧）区最低生活保障制度的历史演进，在此基础上以青海藏区最低生活保障制度的运行过程作为研究的切入点，综合分析政策本身存在的问题以及实施过程中反映出的问题，针对几个突出问题：最低生活保障标准、最低生活保障资金、扶贫开发与农村最低生活保障两项制度的衔接等进行专题分析。为了全面了解政策实施后，农牧民对最低生活保障制度的认知度、满意度和实施效果的反映，展开对青海省藏区农（牧）区最低生活保障制度实施状况调查与分析，并找出青海藏区农（牧）区低保在实践中存在的问题及成因，最后在借鉴国外社会救助制度经验的基础上，综合考虑处于最低生活保障线以下的农牧民对最低生活保障的需求与青海省的财政承受能力的匹配，提出符合青海实际、具有可操作性的藏区农（牧）区最低生活保障制度模式，以及改革和完善青海藏区农（牧）区最低生活保障制度的思路和建议。

（二）研究方法

根据以上思路，本书将采用以下方法进行研究：

问卷调查方法。选取青海藏区六州各县作为典型，借助财政厅、民政厅、青海大学财经学院财政金融系民族班学生的人力资源优势，利用寒暑假进行实地调研，发放问卷和深度访谈，了解藏区农（牧）区低保对象的真实情况，取得第一手原始资料。

实证研究方法。使用定量与定性相结合，实证分析青海藏区农（牧）区低保制度实施产生的效果，农村最低生活保障标准及农（牧）区低保经费在各级政府之间的合理分担。

案例分析方法。选取青海藏区试点县（全面农村最低生活保障制度与扶贫开发政策有效衔接试点工作县）泽库县作为典型案例进行分析，了解扶贫开发与农村最低生活保障制度的衔接情况，以便更好地分类扶贫和做好农村最低生活保障工作。

六、研究范围、研究内容与结构

（一）研究范围

本书主要研究青海藏区农（牧）区最低生活保障问题。所谓的“青海藏区”是指青海省藏族人口居住的区域。藏族在青海分布很广，分布在全省所有的地区，但从人口比重看，主要集中在6个地区：海北藏族自治州、黄南藏族自治州、海南藏族自治州、果洛藏族自治州、玉树藏族自治州和海西蒙古族藏族自治州，这6个藏族自治州就是本书研究最低生活保障制度的区域范围。

（二）研究内容与结构

全文包括九个部分：

第一部分，导论。本部分介绍课题的研究背景、研究依据和研究意义，对国内学者关于农村最低生活保障的相关研究成果进行梳理、归纳及简要评价，为整个论文的研究奠定理论基础；并说明本书研究问题的范围、思路和方法。

第二部分，青海藏区农（牧）区最低生活保障制度的历史演进。经济社会状况的好坏决定建立最低生活保障制度的模式，本部分在对青海藏区经济社会发展状况进行描述的基础上，重点分析2007年以前（1997—2006年）青海藏区农（牧）区最低生活保障制度的发展变化过程，以及这一时间段最低生活保障制度的特点。通过对最低生活保障制度变迁的历史考察和分析，充分认识农村最低生活保障制度建立的必要性，总结农村最低生活保障制度的建设与实践过程，为完善农村社会保障体系奠定基础。

第三部分，青海藏区农（牧）区最低生活保障制度的运行分析 。本部分对2007年全面实施农村最低生活保障制度以来青海制定的一系列最低生活保障政策及实施运行情况进行分析。政策制度是否合理，关系到实施和运行过程中能否取得预期效果和达到预期目标。通过对青海藏区最低生活保障制度建立的原则、目标、内容，以及最低生活保障制度的配套措施分析，再运用有关指标对青海藏区农（牧）区最低生活保障制度运行实施后取得的效果分析，从中发现问题，并针对问题找出解决路径。

第四部分，青海藏区农（牧）区最低生活保障标准分析。本部分内容属于专题分析，农牧区最低生活保障标准是界定农牧民是否属于保障对象的依据。因此，科学、准确、合理地制定青海藏区农（牧）区最低生活保障标准是低保规范管理的重要内容，对于藏区低保制度的有效运行具有重要意义。本部分结合青海藏区实际情况，运用实证分析法对青海藏区农牧区低保标准进行科学测算，找出症结所在，为青海制定科学合理的藏区农（牧）区最低生活保障标准提供理论参考。

第五部分，青海藏区农（牧）区最低生活保障资金供求分析。本部分内容属于专题分析。自 2007 年在全国建立农村最低生活保障制度以来，资金匮乏一直是阻碍该项制度深入进行的瓶颈。本部分针对青海藏区农（牧）区自实行最低社会保障制度以来的低保资金供需问题展开研究，根据青海藏区农（牧）区最低生活保障人均月补差额测算最低生活保障资金供给和需求间存在的缺口，并建立一元线性回归预测模型，对未来最低生活保障资金需求进行预测分析，为青海藏区农（牧）区最低生活保障资金需求提供理论依据。

第六部分，青海藏区农（牧）区低保与扶贫开发有效衔接分析——以泽库县为例。本部分内容属于专题分析。农村扶贫开发与农村最低生活保障制度作为缓解农村贫困的两种手段，在遏制农村贫困现象，促进农村经济发展方面发挥着重要的作用。根据国务院扶贫办、民政部《关于开展农村最低生活保障制度与扶贫开发政策有效衔接试点工作的通知》精神，泽库县被国务院扶贫办确定为农村最低生活保障制度和扶贫开发政策有效衔接试点。试点工作进展如何，通过“两项制度”有效衔接取得了哪些成效，积累了哪些好的做法和经验，下一步工作如何进行，将在本部分内容中进行研究。

第七部分，青海藏区农（牧）区最低生活保障调查与分析。本部分内容属于专题调研分析。为了全面了解政策实施后农牧民对低保制度的认知度、满意度以及政策的实施效果，进一步了解青海藏区农（牧）区困难群众的生活状况及农村低保制度的运行情况。课题组深入藏区对青海藏区农（牧）区最低生活保障家庭和一般农牧民家庭进行问卷调查和深度访谈，通过调研取得了第一手资料，对资料整理分析，从中发现问题并以期解决问题。

第八部分，国外最低生活保障制度建设的经验借鉴与启示。国外社会救助制度历史悠久，经验丰富，本部分对国外典型国家社会救助制度的特点、具体做法进行介绍和分析，并对国外社会救助制度的适度性、法制性依据管理制度进行客观判断，目的是借鉴典型国家的成功经验，为我所用。

第九部分，结论与对策建议。在上述各部分分析的基础上进行归纳梳理，得出相关结论。总结出青海藏区农（牧）区最低生活保障制度存在的突出问题，并针对问题提出可行性政策建议，为今后进一步完善青海藏区农（牧）区最低社会保障制度提供理论和实践依据。最后找出本书研究的不足以及对后续研究进一步展望。

七、创新点与数据说明

（一）创新点

2007年，开始在全国范围内全面实施农村最低生活保障制度，青海藏区毫无例外地覆盖其中。这项政策全面实施一段时间后，效果如何，广大农牧民群众有何反响，这不仅是政府关注的问题，也是学者值得研究的课题。在阅读了大量国内外关于农村最低生活保障制度的文献之后发现，系统地研究青海农（牧）区最低生活保障的科研成果很少，研究青海藏区农（牧）区最低生活保障制度的科研成果更少。本书组试图通过研究，填补空白，为青海地方政府制定最低生活保障政策提供理论依据。本书组认为在研究青海藏区农（牧）区最低生活保障方面有以下几个创新点：

（1）理论联系实际，结合青海藏区的环境特点，应用典型调查方法，对青海藏区农（牧）区最低生活保障状况实施问卷调查和深度访谈，获取第一手真实资料，保证分析结论的真实可靠。为保证资料的准确性，通过多渠道搜集和验证，首先把问卷调查表发给青海大学财政金融系2007级财政（民族）班的藏区学生，让他们在寒暑假时到自己的家乡走访调查，之后课题组成员暑假分头到各调查点进行深度访谈，资料整理后，再到民政厅救助处和财政厅社保处核实和验证，以保证资料的真实可靠。虽然从不同地方搜集的资料可能口径上和公开统计资料不一致，但没有大的出入。

（2）青海是中国重点贫困地区之一，青海藏区又是青海的重点贫困区，农村最低生活保障制度是治理贫困的措施之一，把扶贫开发和农村最低生活保障制度联系起来进行分析，有利于更准确地确定低保对象，做到分类施保。本书打破常规的分析方法，从低保实施的源头扶贫开发进行分析，认为扶贫开发和农村低保同等重要，选择藏区扶贫开发和农村低保两项制度衔接试点县——泽库县进行分析。通过试点典型案例分析，发现问题，解决问题，总结经验，以便在藏区进行全面推广，最终达到脱贫的目的。

（3）采用科学方法对青海藏区农（牧）区最低生活保障标准进行测算。

农村最低生活保障制度的核心是按标施保。本书把最低生活保障标准的确定作为一个专题进行研究，分别以中国居民膳食量计算食物支出量和以青海藏区农牧民膳食量计算食物支出量，确定低保标准。同时，考虑青海藏区农牧民生活水平和生活习惯，青海藏区属高海拔地区，能量消耗较大等特点，在保证能量摄入的基础上，对食品结构进行调整（取消水产品，减少水果、乳类，增加谷类消耗），分别确定出不同的最低生活保障标准进行比较，发现青海藏区实际的低保标准与理论测算的低保标准的差距，并进行深入分析，为今后青海地方政府制定最低生活保障标准提供理论参考。

（4）青海藏区自然环境恶劣、经济发展落后、贫困人口多，在贯彻落实国家有关最低生活保障制度时面临的棘手问题就是资金短缺。本书针对最低生活保障资金问题进行专题研究。通过科学方法分析资金的供给和需求，测算出资金缺口，根据缺口的大小，找出存在供需缺口的原因及解决措施，从而为青海藏区农（牧）区最低生活保障制度的顺利实施提供稳定而充足的资金保障。

（二）数据说明

本书的数据资料主要来源于四个方面：

（1）政策文件和统计资料。包括国家和地方出台的有关农村最低生活保障制度的政策法规及相关文献资料。根据历年来全国农村贫困监测抽样调查数据、中国统计年鉴、青海统计年鉴、青海民政统计年鉴的数据整理而得。

（2）实施最低生活保障以来，青海省及藏区六州的农村最低生活保障制度调研报告与工作总结。

（3）课题组深入藏区调研取得。包括向青海藏区农（牧）区发放问卷调查表和深度访谈。

（4）除上述三方面资料来源外，课题组成员还走访青海省扶贫开发局、民政厅、财政厅、统计局进行调研，取得了部分数据资料。

第二章　青海藏区农（牧）区最低生活保障制度的历史演进

历史就像一面镜子，回顾过去是为了更好地把握未来。最低生活保障制度作为一种治理贫困的措施，它是在原有的农村社会救济和特困救助工作的基础上发展起来的，了解和分析最低生活保障制度的演进过程，总结经验和教训，可以更好地推进最低生活保障制度的改革。

一、青海藏区经济社会发展状况①

经济社会发展是解决民生问题的基础和根本，也是治理农牧民贫困的主要途径，经济社会发展不足是导致贫困的重要因素。了解青海藏区农（牧）区经济社会发展情况，制定与青海藏区农（牧）区经济社会发展相匹配的最低生活保障政策，对保障贫困群众基本生活，治理贫困起着至关重要的作用。

（一）青海藏区农（牧）区概况

1. 行政区划

青海省属于我国西北地区，地处青藏高原东北部，面积为 72.23 万平方千米。青海藏区包括海北藏族自治州、黄南藏族自治州、海南藏族自治州、果洛藏族自治州、玉树藏族自治州和海西蒙古族藏族自治州 6 个州，藏区农（牧）区面积为 69.6 万平方千米，占青海省面积的 97.1%。藏区农（牧）区 6 州共辖 33 个县（市、行委）、233 个乡镇、1651 个行政村。

表 2–1　青海藏区基本情况表

地区名称	人口（万人）	县级区划数	乡镇数	村级数
海北藏族自治州	29	4	30	214
黄南藏族自治州	26	4	32	262
海南藏族自治州	45.7	5	36	423
果洛藏族自治州	18.8	6	44	189
玉树藏族自治州	39.2	6	45	258

① 本章部分内容已发表在 2011 年第 3 期《开发研究》上，题目为《青海特殊贫困成因与扶贫开发探索》。

（续表）

地区名称	人口（万人）	县级区划数	乡镇数	村级数
海西蒙古族藏族自治州	40.3	8	46	305
合计	199	33	233	1651

数据来源：《2013 青海统计年鉴》

2. 人口

青海是一个多民族地区。截至 2012 年末，全省常住人口为 565.55 万人，少数民族人口为 280.52 万人，占全部常住人口的 49%；其中藏族人口为 140.83 万人，占少数民族人口的 50%；藏区总人口为 199 万人，其中藏族人口为 114 万人，占 57%，[①] 是我国除西藏之外最大的藏族聚居区，和生态保护的主战场，也是全国反贫困的重点区域。

3. 自然环境

（1）气候寒冷干旱，海拔高，含氧量低，生态脆弱

青海藏区位于青藏高原，青海省的南部和西北部，地势由东向西逐渐抬升，平均海拔为 3370 米，境内地形复杂，交差悬殊，山脉纵横，水系发达，草原广布，地域辽阔。整个地形分为祁连山地区、高原内陆盆地区和青南高原区三大部分。祁连山地区为山河相间，属于半农半牧区；盆地区四面环山，气候干燥，属于荒漠和半荒漠地区，东部形成小块分布的绿洲农业；青南高原地区，地势高寒，西高东低，大部分地区海拔在 4000 米以上，是黄河、长江、澜沧江的源头地区，草原草甸广布，山势平缓，以牧业为主。整个藏区气候特征为平均气温低，夏季短而温凉，冬季长而寒冷，降水量少而地区差异大，属于典型的高原大陆性气候，干燥、多风、寒冷、缺氧、日照时数长、太阳辐射强烈。

（2）自然灾害类型多、频率高

青海藏区自然灾害（如干旱、雪灾、地震、冰雹、霜冻、洪涝、低温、病虫害、鼠害等）频发。这很大程度上限制了当地社会经济的发展，也是造成农牧区贫困面大、贫困人口多、贫困程度深的一个重要原因。藏区春旱严重，有“十年九旱”之说；降雹次数多，持续时间长；牧区的雪灾、干旱和大风，对牧业危害较大。牧区由于热量条件差，牧草生长期短，青草期普遍短于 100

① 数据来源：《2013 青海统计年鉴》。

天。牲畜吃饱青草的日期短，掉膘期却很长，因此藏区畜草季节不平衡、草料不足是制约畜牧业发展的关键因素。

4. 自然资源

（1）储量丰富

青海藏区是长江、黄河、澜沧江和黑河等江河的发源地及水源涵养区，有三江源、青海湖等9处省级以上自然保护区，是我国面积最大、世界高海拔地区生物多样性最集中、生态系统最敏感的自然保护区。青海藏区有丰富的水能、风能、太阳能、钾盐、有色金属、石油、煤炭、旅游等资源，综合利用潜力较大。柴达木盆地有丰富的石油、天然气、煤炭及有色金属矿藏，许多资源储量占全国储量的绝大部分，有“聚宝盆”的美誉，是青藏高原经济发展最具活力的地区，是青海乃至全国资源开发和推进新型工业化建设的重点地区。

表 2-2　青海省保有资源储量在全国占前十位的矿种（2012 年底）

位次	矿种名称（含亚矿种）	矿种数
第一位	锂矿、锶（天青石）、冶金用石英岩、电石用石灰岩、制碱用石灰岩、化肥用蛇纹岩、碳酸镁、氯化镁、钾盐（KCL）	11
	石棉、玻璃用石英岩	
第二位	芒硝、盐矿、溴矿、硼、压电水晶、碎云母、饰面用蛇纹岩、铸石用玄武岩	8
第三位	铌钽、铟、镉、碘矿、滑石、粉石英、砖瓦用黏土、水泥配料用板岩	8
第四位	汞、天然碱、泥炭、硅灰石、透辉石、陶粒用黏土、水泥配料用黄土	7
第五位	铬、铂族金属、硒、长石、石膏	5
第六位	铷、熔炼水晶、岩棉用玄武岩	3
第七位	自然硫、玉石、建筑用砂	3
第八位	天然气、钴、锡、铋、磷矿	5
第九位	铅、锌、镁矿（白云岩）、铂、钯、银、菱镁矿、砷矿	8
第十位	锗、云母	2
合计		60

数据来源：《2013 青海统计年鉴》

（2）分布不均衡

青海省矿产资源在省内各州、地、市的分布极不均衡，按保有储量的潜在价值排序，依次为海西蒙古族藏族自治州、海东地区、西宁市、海北藏族自治州、海南藏族自治州、果洛藏族自治州、玉树藏族自治州及黄南藏族自治州。海西州已探明储量的矿产种类多、矿床规模大、潜在价值高，是青海省矿产资源的主体；海东地区的主要矿产为芒硝、石膏、冶金用石英岩、水泥用石灰岩等；果洛州的主要矿产为铜、钴、金、汞等。[①] 因此，各州矿产开发的基本情况存在较大差异。

5. 人文环境

从宗教文化看，青海是藏传佛教格鲁派的发祥地，对其他藏族聚居地区的宗教活动具有特殊的影响。早在公元 7 世纪 40 年代西藏佛教的前弘期初，青海藏区就已有佛塔、佛像和小型佛殿出现。9 世纪中叶，吐蕃达磨赞普禁佛，西藏部分僧人逃往青海，继续传播佛教，使青海成为西藏佛教后弘期的重要发祥地。15 世纪中叶，诞生于青海湟中的宗喀巴大师创立藏传佛教格鲁派，此派跃居西藏佛教的统治地位。在藏传佛教格鲁派的四大活佛系统中，青海的章嘉是其中之一，其主寺在互助县的佑宁寺；历辈达赖与班禅都与青海有不解之缘，三、四、五世达赖都在青海从事过宗教活动；六世达赖在青海圆寂；七世达赖坐床前从 9 岁到 13 岁在青海塔尔寺供养；九世班禅 1942 年被迫离藏长期在青海居住；十世班禅大师确吉坚赞生于青海省循化县，生前曾多次到青海，与家乡的各族人民群众有过密切的联系。为纪念藏传佛教格鲁派创始人宗喀巴大师而修建的塔尔寺，被藏区僧人、群众视为格鲁派的法源，一直是藏传佛教信徒向往的圣地，每年由各地来朝拜的信徒络绎不绝。青海藏区也一直是分裂渗透活动的重点地区之一，佛教信徒对保持青海藏区的稳定，支持西藏的反分裂斗争具有重要作用。

青海自古就是进入西藏的主要通道，是西藏的战略后方。历史上，青海藏区有两条联结内地与西藏的通道，一是“唐蕃古道”，即由长安经西宁、日月山、鄂拉山口到温泉，过花石峡，越巴颜喀拉山口到玉树，西向至朵尔曲沿进藏；另一条是“麝香之路”，即由长安经西宁、日月山、昆仑山口、唐古拉山口，经羊八井到拉萨。唐朝时，青海是唐蕃争夺的主要战场和文成

① 青海省发展改革委员会．青海省“四区两带一线”发展规划纲要．2009.

公主和亲、使臣往返的主要交通要道，也是内地与西藏进行贸易的中介，素有“海藏通衢”之谓。新中国成立后，国家相继修筑了青藏公路、青藏铁路和格尔木至拉萨输油管线，这三条线分别承担着西藏地方和边防部队85%以上的生产、生活和战备物资运输任务。青海的格尔木是进出西藏的咽喉，是理想的屯兵之地，也是西南边疆战时的战略后方。因此，青海藏区的稳定与发展，对于支援西藏建设，巩固西南边防，保卫祖国安全，发挥着无可替代的作用。也正因为如此研究青海藏区的社会经济发展问题，就有着特别重要的意义。

6. 战略地位

青海藏区在全省乃至全国生态、资源和稳定上具有重要的战略地位。

一是从生态地位看，青海藏区是长江、黄河、沧澜江和黑河等江河的发源地及水源涵养区，是我国乃至亚洲重要的生态屏障，直接影响我国乃至世界的生态环境和气候变化，生态地位极其重要。有三江源、青海湖等9处省级以上自然保护区，总面积达21.61万平方千米，占全省总面积的30%，其中三江源国家级自然保护区面积达15.23万平方千米，占全省总面积的21.1%，[①] 是我国面积最大、世界高海拔地区生物多样性最集中、生态系统最敏感的自然保护区。

二是从资源地位看，青海藏区有丰富的水能、风能、太阳能、钾盐、有色金属、石油、煤炭、旅游等资源，综合利用潜力较大。柴达木盆地有丰富的石油、天然气、煤炭及有色金属矿藏，许多资源储量占全国储量的绝大部分，有“聚宝盆”的美誉，是青藏高原经济发展最具活力的地区，是青海乃至全国资源开发和推进新型工业化建设的重点地区。

三是从宗教文化看，青海是藏传佛教格鲁教派的创始人宗喀巴大师的诞生地，同时也是十世班禅大师和十四世达赖喇嘛的故乡。宗教文化源远流长，宗教对藏区各族人民的经济、文化、生活方式有着极其深刻的影响，在藏区仅藏传佛教寺院就有700余座，宗教职业人员2.9万余人，[②] 是我国民族宗教工作的重点地区之一，承担着维护社会稳定和国家安全的重任。

四是从交通和国防安全看，青海藏区是进入西藏的主要通道，有青藏铁

① 青海省发展改革委员会．青海省“四区两带一线”发展规划纲要．2009.

② 青海省发展改革委员委．青海省区域协调发展规划研究［M］．西宁：青海人民出版社，2009.

路、青藏公路、格拉输油管道连接西藏，是西藏的战略后方，是我国生态安全的重要屏障和重要的综合能源接续基地，在国家可持续发展战略中具有重要地位；是达赖集团和国际敌对势力渗透破坏的重点地区，在反分裂斗争中肩负重要责任。推进青海藏区经济社会跨越式发展，直接关系到保持藏区稳定，关系到掌握反分裂反渗透斗争的主动权，关系到西部地区乃至全国的和谐稳定，关系到国家的安全和统一。

（二）青海藏区经济发展现状

新中国成立前，青海藏族地区经济社会发展十分落后。从总体上看，社会形态处于带有原始社会残余的封建农（牧）奴制。新中国建立后，特别是在“一五”、“二五”以及20世纪70年代三线建设时期，党和国家十分重视少数民族地区的经济发展，采取了一系列措施，帮助和支持民族地区的经济发展。因此，同全国其他民族地区一样，青海藏区经济发展也取得了较大成效。在传统畜牧业不断发展的同时，各级政府积极发展特色经济，兴建了大批工业项目，形成了一些颇具规模的产业集团，生产力水平不断提高，人民生活显著改善。

1. 经济总量

（1）地区经济总量逐年增加

地区生产总值是反映经济发展的综合指标，也是经济整体实力的体现。2000年，藏区六州实现国民生产总值61.61亿元（1990年不变价），约占全省的42.7%左右，其中第一产业11.2亿元，占18.18%；第二产业32.25亿元，占52.34%；第三产业18.16亿元，占29.48%。工农业总产值（1990年不变价）47.31亿元，其中农林牧渔业总产值15.04亿元，占工农业总产值的31.8%；工业总产值32.27亿元，占68.2%。[①] 在大农业结构中，牧业是藏区经济的主体，产值约占68%。

进入新世纪以来，随着西部大开发战略的深入实施，青海藏区迎来了又一个发展的战略机遇期，步入了历史上发展速度最快、发展质量最好、城乡面貌变化最大、人民群众得到实惠最多的时期。

从表2-3和2-4可以看出，2012年，青海藏区实现生产总值906.47亿元，

---

① 数据来源：《2001青海统计年鉴》。

是2000年的14倍，比2011年同比增长14.3%，比全省平均水平高3个百分点；人均GDP达到43878元，比全省平均水平高10697元，高出32%。

表2-3　2012年青海藏区国内生产总值统计表

地区	国内生产总值（亿元）	三次产业比
海北州	95.97	14.6 ∶ 60.7 ∶ 24.7
黄南州	58.11	29 ∶ 37.5 ∶ 33.5
海南州	104.35	23.7 ∶ 50.5 ∶ 25.8
果洛州	30.54	17.1 ∶ 49.2 ∶ 33.7
玉树州	47.17	48.9 ∶ 33.4 ∶ 17.7
海西州	570.33	3.1 ∶ 81.4 ∶ 15.5
藏区	906.47	11.19 ∶ 69.24 ∶ 19.57
全省	1893.54	9.3 ∶ 57.7 ∶ 47.3

数据来源：《2013青海统计年鉴》

表2-4　2012年青海省民族自治地区主要经济指标

指标	全省总计	自治州县合计	藏区合计
人口（户籍）（万人）			
年末人口	565.55	371.32	199.33
#少数民族人口	280.52	242.19	145.06
#藏族人口	140.83	130.64	114.64
农业人口	361.94	267.77	136.66
非农业人口	203.61	103.55	62.67
生产总值（亿元）			
生产总值（当年价格）	1893.54	1184.00	906.47
第一产业	176.91	144.11	101.44
第二产业	1092.34	794.32	627.63
#工业	895.89	675.85	533.54
第三产业	624.29	245.57	177.40
生产总值增长速度（%）	12.3	15.2	15.8

（续表）

指标	全省总计	自治州县合计	
			藏区合计
第一产业	5.2	6.2	6.4
第二产业	14.1	17.8	18.2
第三产业	11.1	12.8	13.2
人均生产总值（元）	33181	31868	43878
人均生产总值增长速度（%）	11.3	14.0	14.3
农村、农业			
乡镇数（个）	366	309	222
村委会数（个）	4163	3056	1645
乡村人口（万人）	385.17	283.25	143.22
乡村从业人员（万人）	203.14	145.35	71.00
按行业分			
农林牧渔业	114.94	90.68	56.03
工业	13.75	7.96	1.84
建筑业	26.62	16.26	4.72
交通仓储邮电通讯业	9.50	6.05	1.58
信息传输、计算机服务和软件业	0.54	0.35	0.06
批发与零售业	9.68	6.29	1.95
住宿与餐饮业	11.70	8.41	1.64
其他行业	16.41	9.35	3.18
通公路行政村数量（个）	4008	2902	1509
通公路行政村比重（%）	96.3	95.00	91.70
通宽带行政村数量（个）	574	321	260
通宽带行政村比重（%）	13.8	10.5	15.8
通电话行政村数量（个）	3613	2513	1147
通电话行政村比重（%）	86.8	82.2	69.7

数据来源：《2013 青海统计年鉴》

（2）经济发展总体水平低

青海省的经济发展水平大体相当于西部平均水平，与全国平均水平相比还处于偏低位次。2012年，青海省实现生产总值1893.5亿元，全国排名第30位（倒数第二）；相应的，尽管藏区拥有富饶的自然资源，但由于环境、资金、技术、人才等限制，经济发展水平仍然很低。藏区面积占青海省面积的97.1%，但藏区GDP仅占全省GDP的48%。

（3）基础设施落后

青海省内基础设施，尤其是交通设施在区域间存在明显的差异性。省会西宁市具备全省最好的基础设施和发展条件，海东地区由于紧靠西宁也具备较好的基础设施，而其他地区的设施则相对薄弱。由于藏区自然条件恶劣，农牧区仍有个别村不通公路，还有的村不通电话，也有个别村不通宽带，农牧民出行难、通讯难等问题仍很突出，制约了当地社会经济的进一步发展。

2. 经济结构

（1）经济结构调整缓慢，工业化程度低

从表2-3和2-4可以看出，2012年，青海藏区实现生产总值906.47亿元，其中第一产业101.44亿元，第二产业627.63亿元，第三产业177.40，三次产业比为11.19∶69.24∶19.57，反映出青海藏区经济发展基础较为薄弱，大部分地区经济发展以牧业为主，农业产业化经营水平低，尚未形成相应规模，靠天吃饭因素大，总体发展水平明显偏低；工业总体上处于工业化初始阶段，工业总量小，整体运行质量不高，经济发展水平落后于全省平均水平。

（2）第三产业发展滞后

近年来，青海藏区第三产业有所发展，尤其是旅游业发展较快，但由于观念陈旧、缺乏投资意识，民族文化、旅游等资源开发利用不足；为藏区资源开发服务的交通运输发展较快，但地质勘探、科技咨询等第三产业发展滞后，影响了特色产业的壮大；证券、金融、物流、商贸等发展仍处于“爬坡”的起步阶段。

（3）各自治州的产业结构差别较大

从表2-5可以看出，由于各州自然资源禀赋差异巨大，使得各州经济水平差异明显。拥有柴达木工业基地的海西州，第二产业GDP占总产值比重达92.48%，矿产企业多达262家，占全省的29%；而以牧业为主的玉树州，第二产业GDP占总产值的比重只有0.019%。

表 2–5　2012 年青海省各地区矿产开发基本情况

地区	矿产企业数	从业人数	年产矿量		工业总产值	综合利用产值	利润总额
	（个）	（人）	（万吨）	（万立方米）	（万元）	（万元）	（万元）
海北州	124	5663	248.1	0.0	45984.9	162.0	9696.9
黄南州	45	885	71.9	0.0	2424.0	0.0	985.5
海南州	70	2589	172.2	0.0	36088.4	4222.5	5488.6
果洛州	6	795	344.0	0.0	139112.5	0.0	54033.1
玉树州	10	185	2.5	0.0	916.0	0.0	–139.7
海西州	262	48836	6528.2	601488.0	4422391.2	99600.2	796282.3
海东地区	286	6876	780.4	0.0	57261.3	174.1	8974.4
西宁市	116	8807	389.9	0.0	77609.5	1508.5	4449.2
总计	919	74636	8537.3	601488	4781787.8	105667.3	879770.2

数据来源：《2013 青海统计年鉴》

3. 地方财政收入

青海是全国财政最困难的省份之一。自 1998 年党的十五大明确提出建设公共财政体制框架以来，在青海省各族人民的共同努力和中央财政的大力支持下，青海财政有了较快发展，地方一般预算收入从 1998 年的 12.8 亿元增长到 2012 年的 186.4 亿元。但从财政收入构成来看，表现为地方财政收入增长较快，绝对值增加量较小，财力方面对中央的依赖性越来越大。由于受自然条件的影响，青海藏区保障政权运转以及提供社会公共服务的成本远远高于低海拔的内陆地区，尽管藏区人均支出水平较高，但是，财政仍然十分困难。

一是财政收入规模小，属于典型的“赤字财政”和“吃饭财政”，财力增长主要依靠上级补助。藏区 6 个州当中，除海西州外，近年来陆续有外来投资进入，财力相对较好外，其他州的经济发展都依赖国家财政转移支付，自身的造血能力非常有限。随着免征农牧业税、农业特产税、三江源生态保护工程的实施，原有财源进一步萎缩，财政收入规模小。由于自然环境恶劣，基础设施条件差，缺少资本投入，预计藏区财政收入状况将长期保持目前水平，甚至随着三江源生态保护工程的实施，将进一步萎缩。

二是市场经济发展程度低，政府财政成为社会各项事业投入的唯一来源。新中国成立以来，藏区由自然经济状态过渡到社会主义计划经济，虽然在党和国家的关怀下，社会事业取得了突飞猛进的发展，但是仍然处于较低水平。进入社会主义市场经济阶段后，与其他地区相比，这一差距尤为明显。一方面，各项社会事业市场化程度很低，社会服务完全依靠政府提供。一些在内地已经逐步市场化的社会服务及其提供，如卫生、文化、城市公用事业等，仍全部由财政保障工资及日常经费，无法通过市场化运作取得收入。另一方面，金融资本和民营资本规模小，融资渠道主要依靠政府财政，政府财政成为社会各项事业投入的唯一来源。

三是自然环境恶劣，财政支出成本高。藏区特殊的地理环境和气候条件，大大增加了行政事业的运行成本。在人员经费方面，除了工资相对较高，取暖时间较长等之外，还有高原疾病多，医疗费用高等问题；在公用经费方面，建筑成本、运输成本、差旅费以及通信费用都明显高于内地；贫困人口多，基础设施差，需要财政投入进一步增加。此外，青海省属西部省份，省本级及非藏区财政收入十分有限，没有能力帮助解决困难问题。

表 2–6　2012 年青海藏区财政收支统计表　　单位：万元

地区	财政总收入	国家财政补贴	地方财政支出	地方一般预算收入	地方一般预算收入占财政收入的比重（%）
海北州	546486	497485	545987	49001	9.0
黄南州	479526	462389	473179	17137	3.6
海南州	750350	706666	743505	43684	5.8
果洛州	481333	466296	473610	15037	3.1
玉树州	1133349	1100354	1067358	32995	2.9
海西州	1175798	726730	1167091	449068	38.2

数据来源：《2013 青海统计年鉴》

从青海藏区六个自治州财政收支情况（表 2–6）的数据来看，除海西州外，其余五个自治州地方一般预算收入占财政收入（这里的财政收入是指财政总收入，等于国家财政补贴与地方一般预算收入之和）的比重偏低，财政收入大部分来源于国家财政补贴，其中玉树州地方一般预算收入仅占总收入的 2.9%。

4. 农牧民收入

改革开放以来，青海省农牧民收入持续快速增长，城乡居民收入差距逐年缩小。但与全国相比，城乡居民收入水平仍然较低。

（1）农牧民收入逐年递增

农牧民人均纯收入分别于1995年和2004年突破一千元和两千元大关。从2005年到2012年，农牧民家庭人均纯收入大幅增长，以2005年的2165.1元为基数，到2012年人均纯收入达5364.4元，增长了1.5倍。2012年，海西州、海南州、海北州的农村居民人均纯收入均超过全省平均水平，但黄南州、玉树州、果洛州农村居民人均纯收入水平仍然低于全省平均水平。

表2–7　2005—2012年青海省部分地区农村居民人均纯收入　　单位：元

地区	2005年	2006年	2007年	2008年	2009年	2010年	2011年	2012年
海北州	2083.6	2269.0	2697.9	3386.2	4023.1	4812.7	6150.1	7435.7
黄南州	1806.5	2002.9	2187.9	2369.3	2633.1	2878.4	3649.2	4298.7
海南州	2442.1	2640.1	2904.4	3216.3	3822.2	4490.4	5237.5	6127.8
果洛州	1916.9	2038.9	2161.5	2291.2	2429.5	2629.4	2963.9	3704.9
玉树州	1793.9	1922.8	2047.6	2176.6	2335.3	3663.0	2657.0	3493.2
海西州	2302.7	2586.9	3058.6	3724.8	4544.4	5434.0	6574.4	7915.6
海东地区	2011.2	2315.2	2727.5	3219.2	3826.8	3801.6	4599.8	5352.2
西宁市	2592.8	2951.0	3397.7	3943.6	4698.6	5466.4	6634.0	7801.5
全省	2165.1	2358.4	2683.8	3061.2	3346.2	3862.7	4608.5	5364.4

数据来源：《2013青海统计年鉴》

（2）城乡居民收入水平较低，差距较大

中国社科院农村发展研究所、国家统计局农村社会经济调查司和社会科学文献出版社联合发布，2011年《农村经济绿皮书》显示：2010年，全国农村居民收入增速自1998年以来首次快于城镇，但目前的城乡居民收入差距仍然巨大。绿皮书分析称，土地制度和户籍制度的缺陷难以克服，城乡管理体制之间存在着巨大鸿沟，以致城乡居民收入差距仍在扩大，我国已经成为城乡差距最大的国家之一。最近几年的统计数据显示，我国城乡收入差距虽然个别年份有所缩小，但总体上呈现上升趋势。1983年，我国城乡居民收入比为1.82∶1，2012年则拉大为3.1∶1，幅度远远高于发达国家，也比巴西、阿根廷等发展中国家要高。

青海藏区受区位条件限制，农牧民收入主要依靠农牧业，而农牧业基础设施薄弱，自然灾害频发，农牧业综合效益低，农牧民收入渠道非常单一，这导致城乡居民收入差距仍然较大。从表 2-8 可以看出，2012 年青海省城乡居民收入均低于全国平均水平，城镇居民可支配收入为 17566 万元，位居全国倒数第二；农村居民人均纯收入为 5364 万元，位居全国倒数第三；城乡居民收入差距比为 3.27，在全国排名第 6 位。

表 2-8　2012 年全国城乡居民收入差距比

排名	地区	城乡居民收入差距比	GDP（亿元）	GDP 增长（%）	CPI 涨幅（%）	城镇居民人均年可支配收入（元）	城镇居民人均可支配收入增长（名义）（%）	农村居民人均年纯收入（元）	农村居民人均年纯收入增长（名义）（%）
1	贵州	3.93436	6852	13.60	2.70	18700	13.40	4753	14.70
2	云南	3.89053	10309	13.00	2.70	21075	13.50	5417	14.70
3	甘肃	3.80675	5650	12.60	2.70	17157	15.00	4507	15.00
4	陕西	3.59778	14453	12.90	2.80	20734	13.60	5763	14.60
5	广西	3.53579	13035	11.30	3.20	21243	12.70	6008	14.80
6	青海	3.27479	1894	12.30	3.10	17566	12.60	5364	16.40
7	山西	3.21095	12113	10.10	2.50	20412	12.60	6357	13.00
8	宁夏	3.20890	2341	11.50	2.00	19831	10.40	6180	12.30
9	西藏	3.15230	701	11.80	3.50	18028	11.50	5719	15.10
10	重庆	3.11093	11409	13.60	2.60	22968	13.40	7383	13.90
11	内蒙古	3.04165	15880	11.50	3.10	23150	13.40	7611	14.60
12	安徽	2.93631	17212	12.10	2.30	21024	13.00	7160	14.90
13	四川	2.90059	23873	12.60	2.50	20307	13.50	7001	14.90
14	广东	2.86720	57068	8.20	2.80	30226	12.40	10542	12.50
15	湖南	2.86546	22154	11.30	2.00	21319	13.10	7440	11.50
16	海南	2.82370	2855	9.10	3.20	20918	13.90	7408	14.90
17	福建	2.81479	19702	11.40	2.40	28055	12.60	9967	13.50
18	新疆	2.80278	7505	12.00	3.80	17921	15.50	6394	17.50
19	山东	2.72655	50013	9.80	2.10	25755	13.00	9446	13.20
20	河南	2.71691	29599	10.10	2.50	20442	12.40	7524	11.30
21	湖北	2.65431	22250	11.30	2.90	20839	13.40	7851	13.80

（续表）

排名	地区	城乡居民收入差距比	GDP（亿元）	GDP增长（%）	CPI涨幅（%）	城镇居民人均年可支配收入（元）	城镇居民人均可支配收入增长（名义）（%）	农村居民人均年纯收入（元）	农村居民人均年纯收入增长（名义）（%）
22	河北	2.54214	26575	9.60	2.60	20543	12.30	8081	13.00
23	江西	2.53672	12949	11.00	2.70	19860	13.50	7829	13.60
24	辽宁	2.47474	24846	9.50	2.80	23223	13.50	9384	13.10
25	江苏	2.43214	54058	10.10	2.60	29677	12.70	12202	12.90
26	浙江	2.37424	34665	8.00	2.20	34550	11.60	14552	11.30
27	吉林	2.35031	11939	12.00	2.50	20208	13.60	8598	14.50
28	上海	2.25725	20182	7.50	2.80	40188	10.90	17804	11.20
29	北京	2.21346	17879	7.70	3.30	36469	10.80	16476	11.80
30	天津	2.11237	12894	13.80	2.70	29626	10.10	14025	13.00
31	黑龙江	2.06416	13692	10.00	3.20	17760	13.10	8604	13.30

数据来源：《2013 中国统计年鉴》

（三）青海藏区社会发展现状

青海省是我国的经济欠发达地区，同时也是人类发展水平相对滞后的地区。由联合国发展计划署在《人类发展报告》中提出的人类发展指数，将经济指标与社会指标相结合，来衡量一个国家或地区人类的发展水平，人类发展指数的指标值是“预期寿命”“教育年限”和“人均生产总值”三个分指标的几何平均数。根据最新发布的 2011 年《中国人类发展报告》（2010 年数据），从全国 31 个省市自治区的人类发展指数来看，青海省以 0.638 位列全国第 27 位，人类发展指数、预期寿命指数、教育支出和经济发展指数均低于国内平均水平，是典型的人类欠发达地区。

表 2–9　中国人类发展指数及其构成情况（2010）①

地区	人类发展指数	预期寿命指数	教育指数	人均生产总值指数
北京市	0.821	0.952	0.837	0.694

① 中国发展研究基金会．2010 年中国人类发展报告［M］．北京：人民出版社，2011.

（续表）

地区	人类发展指数	预期寿命指数	教育指数	人均生产总值指数
上海市	0.814	0.953	0.808	0.699
天津市	0.795	0.932	0.779	0.692
江苏省	0.748	0.896	0.719	0.650
浙江省	0.744	0.913	0.700	0.645
辽宁省	0.740	0.892	0.737	0.618
广东省	0.730	0.894	0.696	0.624
内蒙古自治区	0.722	0.861	0.689	0.634
山东省	0.721	0.893	0.686	0.613
吉林省	0.715	0.889	0.715	0.576
福建省	0.714	0.882	0.676	0.610
黑龙江省	0.704	0.886	0.710	0.554
湖北省	0.696	0.868	0.696	0.558
陕西省	0.695	0.865	0.699	0.554
山西省	0.693	0.869	0.699	0.547
河北省	0.691	0.870	0.676	0.561
重庆市	0.689	0.881	0.667	0.556
湖南省	0.681	0.866	0.677	0.539
海南省	0.680	0.891	0.660	0.536
河南省	0.677	0.864	0.664	0.540
宁夏回族自治区	0.674	0.845	0.658	0.552
新疆维吾尔自治区	0.667	0.828	0.660	0.542
四川省	0.662	0.866	0.645	0.520
江西省	0.662	0.860	0.651	0.519
安徽省	0.660	0.871	0.640	0.516
广西壮族自治区	0.658	0.872	0.634	0.516
青海省	0.638	0.791	0.613	0.537
甘肃省	0.630	0.826	0.631	0.480
云南省	0.609	0.784	0.604	0.476
贵州省	0.598	0.809	0.586	0.452
西藏自治区	0.569	0.762	0.498	0.487

（续表）

地区	人类发展指数	预期寿命指数	教育指数	人均生产总值指数
内地平均	0.693	0.868	0.676	0.569

1. 义务教育

新中国成立前，青海民生凋敝、百业萧条，广大贫苦农牧民被剥夺了受教育的权力，世代处在蒙昧状态。1949 年，全省只有中等专业学校 5 所，普通中学 3 所，小学 717 所，在校学生 41888 人。1952 年，全省小学和初中毕业生升学率仅为 45.1% 和 82.1% 。新中国成立以来，特别是省委省政府提出“科教兴青”战略以来，全省各级政府不断加大教育投入，教育事业取得了前所未有的成就。

（1）基础教育状况明显好转。由于国家实行九年义务教育，政府给予了大力补贴，使一个农牧民家庭可以不用任何花费即可供孩子上学，作为家长自然愿意让孩子上学，因此青海藏区学龄儿童入学率、小学毕业生升学率都比较高。从表 2–10 可以看出，各州的学龄儿童入学率虽有细微差距，但均达到了 98% 以上，这是我国构建和谐社会的重大成果，体现了党和国家对我国少数民族地区教育事业的重视。

但是，藏区初中毕业生的升学率偏低，这是由于本区内初中学生辍学率较高所致，最低的是果洛州和玉树州，2012 年初中毕业生升学率仅分别为 44.9% 和 49.4%。即便是在大学的藏族在校生中，仍然是文科偏多，理工科偏少；理论方面较多，实用学科偏少。

表 2–10　2012 年青海藏区基础教育基本统计表

地区	学龄儿童入学率（%）	小学毕业生升学率（%）	初中毕业生升学率（%）
海北州	99.4	86.7	76.4
黄南州	99.4	74.1	59.3
海南州	99.6	87.6	69.5
果洛州	99.3	83.2	44.9
玉树州	99.3	77.5	49.4
海西州	99.8	96.3	88.5
藏区	99.46	84.2	67.41

（续表）

地区	学龄儿童入学率（%）	小学毕业生升学率（%）	初中毕业生升学率（%）
青海	99.7	90.6	86.1
全国	99.9	98.3	88.4

数据来源：《2013 青海统计年鉴》

（2）办学条件较差，人才匮乏，经费保障水平亟待提高。青海藏区解放后废除了农奴制，实现了九年义务教育，教育水平有了较大提升。但青海藏区基层很多学校办学条件简陋，除教室建设尚可外，学生和教师的宿舍、电教设备、体育设施、实验室非常缺乏；办学质量较低，工作艰苦，基础教育人才的引进极为困难，大量高层次与高学历教育人才集中在经济基础条件较好的省会西宁市及格尔木市等地；运转经费紧张，为解决寄宿生生活费用、校舍维护改造费用问题，青海省制定了三级分担的办法，但由于州县财政较为困难，资金往往难以到位。

从表 2–11 来看，果洛州生师比为 23.6 ∶ 1，玉树州生师比为 22.8 ∶ 1，藏区平均生师比为 16.4 ∶ 1，全国平均生师比为 15.5 ∶ 1。这说明，全国平均 15.5 名学生配备 1 名教师，青海藏区平均 16.4 名学生只配备 1 名教师，教师较少，玉树州和果洛州教师缺乏更为严重，分别是 22.8 名学生只配备 1 名教师、23.6 名学生只配备 1 名教师。

表 2–11　2012 年青海藏区普通中学基本情况表

地区	在校学生数（人）	专任教师人数（人）	生师比
海北州	17016	1138	15.0 ∶ 1
黄南州	15369	818	18.8 ∶ 1
海南州	26474	1652	16.0: ∶ 1
果洛州	9579	406	23.6 ∶ 1
玉树州	15606	686	22.8 ∶ 1
海西州	26730	2035	13.1 ∶ 1
藏区	110774	6735	16.4: ∶ 1
全国	24671712	1595035	15.5 ∶ 1

数据来源：《2013 青海统计年鉴》

2. 医疗卫生

党的十一届三中全会以来，青海省医疗卫生事业得到较快发展。农牧区卫生基础设施和服务条件得到改善、卫生队伍整体素质有了较大提高、卫生服务质量和能力显著提高、新农合制度建设有效保障了农牧民的健康、农牧民健康水平有了较大提高，但也存在诸多问题。

一是卫生服务面广、量大，防治任务重。全省卫生技术人员人均服务面积达 36 平方千米，高于全国平均服务面积（2.5 平方千米）的 14 倍，卫生服务成本是内地的 3—5 倍。农村牧区居民传染病、地方病患病率高，疾病病种多，疾病谱复杂，在国家法定的 38 种传染病中，有 24 种为本土性传染病，疾病预防控制任务十分艰巨。①

二是卫生资源分布不合理，健康水平低。城乡之间、区域之间卫生资源分布不合理，占全省人口 64% 的农牧民只享有 20% 的卫生资源，卫生服务的可及性和公平性较低。城乡居民健康水平差距较大，全省居民人均期望寿命 71.34 岁，低于全国平均水平 1.66 岁。地处青藏高原腹地的玉树州、果洛州等藏族地区人均期望寿命低于全省 6.16 岁，孕产妇死亡率（50.57/10 万）和婴儿死亡率（17.59‰）分别比全国平均水平高 32.4% 和 15.3% 。②

从表 2–12 可以看出：青海藏区每万人拥有医院床位数低于全省平均水平；最高的海西州每万人拥有病床数 41.95 张，最低的玉树州每万人拥有病床数 20.58 张，仅为海西州的 49.06%。

表 2–12　青海藏区每万人拥有医院床位数　　单位：张 / 万人

地区	每万人拥有医院床位数
海北州	30.68
海西州	41.95
玉树州	20.58
果洛州	31.25
海南州	33.62
黄南州	27.87
藏区	39.23
全省	43.76

数据来源：《2012 青海统计年鉴》

① 青海省发展改革委员会. 青海省“四区两带一线”发展规划纲要（内部资料）. 2009.
② 青海省发展改革委员会. 青海省区域协调发展规划研究［M］. 西宁：青海人民出版社，2009.

三是投入保障机制尚未建立，卫生投入少。各级政府尚未建立农牧区公共卫生和基本医疗服务的投入保障机制，缺乏长期、稳定、合理的农牧区卫生事业发展投入。投入数量不足，投向不合理，重城轻乡、重医轻防的问题长期未得到解决，县级财政对公共卫生和基础建设基本无专项投入。农牧区卫生机构基本依靠药品收入维持运转。

四是卫生人力资源少，整体素质差。全省乡镇卫生院平均每院只有7.3人，村卫生室平均只有1.5人，均低于全国平均水平。按服务人口计算，平均每个卫生院服务8000多人，每1000名农牧业人口拥有乡镇卫生人员0.78人。平均每个乡村医生服务540多人，服务面积115平方千米。医疗卫生机构大专以上学历人员比例县级为56%，乡级为49%，村级不及3%，乡村医生无卫生专业学历的比例达36.9%。[①]

3. 社会保障

从总体看，城镇以养老、医疗、失业、工伤、生育五大社会保险为主体的制度体系日臻完善，而农村社会保障制度建设尚处于起步阶段，农村居民保障水平远低于城市居民。各类非公有制经济从业人员、城镇灵活就业人员和农民工参加社会保险尚处于起步阶段。

（1）农村牧区社会保障薄弱

按照社会保障原理，任何一个社会成员都享有社会保障的权利。但就现实情况而言，我国的社会保障对不同社会群体在制度安排上有较大的差别，一部分社会成员享有比较完备的社会保障，而另一部分社会成员只享受个别社会保障项目的保障，这种差别的最突出表现就是城乡之间的社会保障差异。

从整个社会保障体系看，农村的保障项目明显少于城镇。例如社会救济，从救助的需求看，救助项目应当有灾害救助、基本生活救助、就业救助、住房救助、教育救助、医疗救助、司法救助等。而目前农村牧区主要局限于灾害救助和基本生活救助（如五保户供养制度、特困救助制度），医疗救助、教育救助、住房救助等还非常薄弱。而且，灾害救助主要着眼于解决灾害造成的灾民生活困难，而对所造成的其他损失则缺乏救助渠道。再如社会保险，在农牧区基本缺失，农牧民作为自雇者，没有工伤保险，他们在劳动过程中所受伤亡病残全由自己负责；没有生育保险，生育费用也全由自己承担；由

---

① 青海省减贫战略研究办公室．欠发达地区科学发展之路［M］．北京：九州出版社，2011.

于农牧民有土地或牲畜，不论能否养得活自己，都不算失业，因此也没有失业保险。农牧区只有少量的敬老院，其他社会福利设施，尤其是儿童福利设施基本没有，基本上散居于农牧区，生活质量很差。

从社会保障支出看，占全省总人口 50% 以上的农牧民的社会保障支出只占全省社会保障支出总数的 5%，而占全省人口接近 48% 的城镇居民的社会保障支出却占全省社会保障支出总数的 95%；从人均占有社会保障费用情况看，城镇居民人均 455 元，农牧民仅 15 元，相差 30 倍。自然灾害救助基本停留于低水平的灾民生存保障。分散供养的五保对象保障层次较低，主要解决其生存问题。农村牧区新型合作医疗制度由于筹资额低，保障水平不高，住院费用有效报销率虽然有所提高，但对农牧民来说仍然是经济负担重，因而在减轻农民经济负担方面所发挥的作用不够。特困救助制度保障水平较低，救助标准离保障农牧民的基本生活还有一定的差距。①

（2）社会保障的财政支持能力弱

尽管青海省的经济总量一直在增长，财政对于社会保障的支持力度也在不断加强，但与社会保障事业发展的需要相比，财政支持社会保障的能力还不够。这几年，青海社会保障基金筹集渠道狭窄，没有形成积累机制，财政社会保障补助资金经常处于一种被动“兜底”的局面。相对于日益增长的社会保障支出需求，弥补资金缺口的主要方式就是财政补助，而且主要是中央财政补助。由于这样的财政状况，社会保障的许多项目没有充分的资金保障：医疗救助十分需要，却迟迟不能推广，住房救助、教育救助等难以实施；救灾抗灾基础设施建设严重滞后，国家下拨的救灾物资无法安全存放，一旦发生重大灾情，应急措施难以实施；养老机构严重不足，五保对象集中供养难以落实；优抚对象的补助标准无法实现与当地居民收入水平同步增长；信息化建设滞后，社会保障管理现代化程度低。

（3）社会保障体系之外的制度延续性还不完善

就社会救助而言，困难群众对社会救助的需求是多层次、多样化的。现阶段困难群众的食物短缺问题已基本得到解决，“饿死人”的现象不会出现，但起码的教育、医疗、住房、就业技能培训、文化以及对人的精神关怀等基本需求正逐步成为新的救助领域，逐步摆上议事日程。但是，回顾我国过去

① 根据 2012 年《青海民政统计年鉴》整理。

的社会救助工作，救助方式较为单一，主要表现在两个方面：一是除了现金和物品的救助外，其他救助很少，对困难群众精神上慰藉更少；二是即时性救助较多，发展性救助较少。从总体上看，尽管每年都在救助一定数量的困难群众，但是新的一年里仍然有相当数量的困难群众需要救助，根源就在于救助方式单一，减弱了救助工作的效果。

（四）扶贫开发

贫困是一个困扰全世界的难题。由于贫困带来政治动荡、社会分裂、经济崩溃的教训比比皆是。消除贫困，最终实现全国人民的共同富裕，是社会主义的本质要求，也是我们党和政府义不容辞的历史责任。2011 年 11 月 29 日，中央扶贫工作会议提出 2020 年实现“两不愁三保障”的扶贫目标。特别是农民人均纯收入 2300 元成为新的国家扶贫标准，这比 2009 年 1196 元的标准提高了 92%，[①] 而一个更加突出的问题是，在绝对贫困人口逐渐减少的同时，相对贫困问题却日益突出。同时，特殊贫困积重难返，目前扶贫对象的分布，重点集中在一些特殊类型地区，民族自治地方所占比重大，这项工作目前依然面临着严峻的形势。

一是扶贫开发范围广，贫困人口规模大。“十二五”期间，青海省仍有 138 万扶贫开发主要对象。国家新的扶贫标准调整为 2300 元，这意味着青海省既面临着十分紧迫的消除贫困的艰巨任务，还面临着更加繁重的缩小与全国差距的历史任务。目前，青海省有国定贫困县 14 个，包括大通自治县、平安县、民和自治县、湟源县、化隆自治县、循化自治县、同仁县、泽库县、班玛县、达日县、玉树县、杂多县、治多县、囊谦县，其中藏区占 57.1%；省定贫困县 10 个，村 486 个：互助（220），湟源（73），河南（28），同仁（41），曲麻莱（12），称多（43），班玛（17），玛沁（15），玛多（17），久治（20），藏区占 80% 的县，占 39.7% 的村。从表 2-13 可以看出，截至 2012 年底，全省还有贫困人口 94.87 万人，占全省农牧民总人口的 25.60%，远远高于全国贫困发生率 4.6% 的平均水平，扶贫开发任务更加艰巨。

二是贫困程度深，脱贫难度大。青海省贫困人口主要集中在生态环境恶劣、自然灾害频繁、基础设施落后的东部干旱山区和藏区，属于集中连片特殊困

① 青海省减贫战略研究办公室. 欠发达地区科学发展之路［M］. 北京：九州出版社，2011.

难地区，贫困问题突出，制约贫困地区和人口的脱贫因素多。全省还有 4 万户、20 万人居住在贫困山区，缺乏基本的生存和发展条件，生活水平低于扶贫标准以下；尤其是在东部干旱山区、三江源高寒牧区、柴达木沙漠化地区和环青海湖农牧交错区还有约 3 万户、15 万特殊贫困群众亟待搬迁。

三是返贫率高。青海省因灾、因病、因市场变化等原因，返贫率较高。按照旧的扶贫标准，正常年景返贫率 13%，灾年达 25%，重灾年高达 50% ~ 60%。

四是转变扶贫开发方式难度大。由于自然、历史、社会等多种原因，青海省贫困地区农牧业组织化、集约化、规模化、产业化程度不高，生产经营方式滞后，整体竞争力弱，特别是龙头企业规模小，抗市场风险能力弱，带动能力不强，农畜产品加工转化率低，缺乏精深加工，科技成果转化率低，严重制约着扶贫开发方式的转变。

五是不确定因素增加，贫困地区农民工外出务工难度加大。农畜产品价格、生产成本、气候变化等不确定因素明显增多，实现贫困人口收入持续增长难度加大。此外，日益增长的社会救助和社会福利需求与社会保障功能滞后之间、困难群体基本生活保障水平与社会救助和社会福利机制建设滞后之间、不断拓展的民政任务与基层民政基础建设滞后之间、快速发展的民政事业与民政政策法规建设滞后之间、社会变革引发的问题增多与社会管理手段滞后之间，均存在较大的矛盾。

表 2-13　2001—2012 年青海省农村贫困人口情况 ①

年份（年）	省扶贫办数据			国家统计局核定数据			贫困发生率（%）		乡村人口	全省总人口
	贫困人口（万人）	其中：绝对贫困人口（万人）	低收入人口（万人）	贫困人口（万人）	其中：绝对贫困人口（万人）	低收入人口（万人）	省扶贫办数	国家核定数	（万人）	（万人）
2001	177.25	95.27	82	93.7	57	36.7	28.1	16.8	339.5	523.1
2002	160.57	83.78	76.79	104	54.8	49.2	24.4	16.0	342.9	528.6

① 数据来源于总队农村住户处（2013 年 3 月）；省扶贫办制定贫困标准 2001 年以前 625 元以下；2002 年开始，绝对贫困：农 625、牧 800；低收入：农 800、牧 1000。从 2010 年开始，结合国家扶贫政策的调整，根据农牧区当前实际经济状况，农牧区贫困标准调整为：农区 1300 元以下，牧区 1500 元以下，2011 年开始，青海省的贫困标准和国家核定的扶贫标准统一，不再区分青海省扶贫办标准和国家统计局核定标准，统一按农牧民年人均纯收入 2300 元以下执行。

（续表）

年份（年）	省扶贫办数据			国家统计局核定数据			贫困发生率(%)		乡村人口	全省总人口
	贫困人口（万人）	其中：绝对贫困人口（万人）	低收入人口（万人）	贫困人口（万人）	其中：绝对贫困人口（万人）	低收入人口（万人）	省扶贫办数	国家核定数	（万人）	（万人）
2003	145.35	76.44	68.9	114.7	53.5	61.2	22.0	15.4	347.3	533.8
2004	133.5	70.59	62.91	104.5	47.4	57.1	19.9	13.4	354.1	538.6
2005	120.5	63.3	57.2	75.7	40.7	35	17.7	11.4	357.3	543.2
2006	104.9	54.0	50.9	73	39	34	15.3	11.0	353.3	547.7
2007	86.81	43.68	43.13	58.5	25.2	33.3	12.2	7.0	359.5	551.6
2008	75.7	—	—	49	—	—	20.6	13.4	367.01	554.3
2009	59.52	—	—	49	—	—	16.0	13.2	372.02	557.3
2010	138.36	—	—	34	—	—	37.2	9.1	397.58	563.47
2011	117.64	—	—	108	—	—	30.80	28.5	381.92	568.17
2012	94.87	—	—	82	—	—	25.60	21.6	370.55	565.55

（五）青海藏区社会经济发展特征

（1）经济发展明显加快，但生产力总体水平还处于一个较低层次。

（2）工业处于工业化初期向工业化中期过渡阶段。

（3）农牧业处于小块传统农业和草原畜牧业向现代农牧业发展阶段。

（4）现代金融业、流通业、社会中介服务组织等现代服务业发展较缓，对当地经济社会发展的带动支撑作用效果不显著。

（5）基础设施建设和协调发展取得显著成效，但与其他地区相比差距依然明显，且内部呈现不平衡性。

（6）人民生活总体接近或达到小康与收入差距扩大、贫困问题凸显并存。

（7）生态建设与保护在局部地区成效显著，但生态环境总体恶化的趋势尚未得到根本遏制。

（8）社会主义民主政治不断发展，依法治国方略扎实推进，文化建设更加繁荣，民族团结进步事业发展显著，但仍存在与之不协调的现象。

二、青海藏区农（牧）区最低生活保障制度的历史沿革

通过对青海藏区经济社会发展状况的分析可以看出，青海省地处青藏高原，气候恶劣，生产生活环境十分严酷。其既是一个灾害多发地区，又是一个经济欠发达地区，经济社会发展相对落后，贫困人口多，贫困程度深，治理贫困的措施之一就是建立最低生活保障制度。正确理解和准确把握最低生活保障制度的历史沿革，是对现行最低生活保障问题进行研究的重要前提和基础。从历史角度出发，分析阐述并揭示早期农牧区最低生活保障的发展状况及其规律，可为进一步展开研究提供实践依据。

（一）青海藏区农（牧）区最低生活保障制度的建立①

1. 试点摸索阶段（2004 年以前）

青海省政府办公厅于 1997 年 5 月根据民政部发布的《关于加快农村社会保障体系建设的意见》和《最低生活保障体系建设指导方案》，颁发了关于《转发省民政厅〈关于加快城乡社会保障制度建设的报告〉的通知》，决定了试点工作从青海省互助土族自治县为试点进行农村最低生活保障制度的实施。

确定互助县农村最低生活保障的标准为：脑山地区每人每年 350 元、浅山地区每人每年 380 元、川水地区每人每年 400 元。核定互助县最低生活保障对象 5000 余名。互助县依照本县的实际情况，从税收减免、教育、医疗、住房等 10 个方面制定了一系列优惠政策。由于制度规范、政策配套、方案可行，互助县最低生活保障制度试点取得了成功。到 1997 年 9 月，西宁召开了民政部的全国城乡社会保障西片工作座谈会，对青海省建立农村最低生活保障制度的做法给予了充分的肯定。

1997 年 10 月，青海省民政厅下发了《青海省建立农村最低生活保障制度的指导方案》（青民发〔2008〕137 号），按照“低标准起步，多形式救助”的思路在全省积极探索实行农村最低生活保障制度。经过几年的努力，到 2003 年底，全省 44 个县（市、区、行委）均建立了农村最低生活保障制度，核定全省的保障对象达 45309 人，占全省农业总人口的 1.4%。

2. 特困救助阶段（2004—2006 年底）

党的十六届三中全会提出了关于建立健全社会保障体系同经济发展水平

① 青海省民政厅社会救助处. 青海省 2009—2012 年度城乡社会救助工作统计分析报告（内部资料）. 2013 .

相适应，健全城市居民最低生活保障制度，有条件的地方，探索建立农村最低生活保障制度的总体要求。为落实这一总体要求，2003 年 3 月，青海省各级政府决定利用全省干部下乡宣传中央 1 号文件，抽调了万余名干部下乡办实事，历经三个多月，对青海省农（牧）区农村年人均收入低于 625 元，牧区低于 800 元的家庭进行详细排查，了解困难人群的基本情况。同时，青海省民政厅还在循化县召开了青海省农村社会救助工作座谈会，进一步明确了青海省开展农村特困群众社会救助工作的指导思想、救助标准、救助范围和方法与步骤等重大问题。但鉴于全面建立农村最低生活保障制度的条件还不成熟，2004 年 2 月青海省出台了《青海省农（牧）区特困群众救助暂行办法》，初步搭建完成了青海省农村贫困群众救助机制。实施范围限于农村牧区户口；保障对象包括：家庭成员均无劳动能力的无劳户，如没有依靠、没有生活来源的老年人、残疾人、未成年人等；因灾、因病及残疾致贫的家庭；由突发性自然灾害造成的生活一时困难或因农产品市场的激烈竞争或生产经营不善而面临困境的农村居民；有一定的收入来源，但是生活水平低于或等于国家规定的最低生活保障水平标准的农村居民；救助标准按东部农业区年人均补助 100 元，环青海湖地区 110 元，青南牧区 120 元确定。截至 2006 年底，全省纳入救助制度农村特困人口 22.9 万人。从 2003 年到 2006 年累计发放农村牧区特困人口救助金 0.84 亿元。2006 年，青海省将特困人口救助标准由 2004 年的年人均 103 元提高到 146 元，在有效保障 22.9 万名特困群众基本生活的基础上，对 13.3 万名重点特困救助对象实施了“分类救助”，提高了特殊困难群体的救助水平。

3. 农村最低生活保障建制阶段（2007—2008 年）

为进一步完善农村牧区特困人口社会救助体系，形成保障农（牧）区困难群众基本生活长效机制，全面推进农村最低生活保障制度建设步伐，2007 年初，青海省政府下发《关于建立农（牧）区居民最低生活保障制度的意见》（青政〔2007〕9 号），从 2007 年 1 月 1 日起青海省全面建立了农（牧）区居民最低生活保障制度，这是继城市最低生活保障制度成功实施后的又一项重大制度创新。随后，省民政厅、省财政厅联合下发了《青海省农（牧）区居民最低生活保障制度实施方案》（青民发〔2007〕16 号）。这两个文件的出台和实施，标志着青海省继城市最低生活保障制度成功实施后农村低保制度的全面建立和实施。

《青海省人民政府关于建立农（牧）区居民最低生活保障制度的意见》规定，凡具有青海省农牧业户口，家庭人均纯收入低于当年本地区农村居民最低生活保障线标准的农村牧区居民均可申请享受农村牧区最低生活保障政策。农村牧区居民与城镇居民混合家庭，已享受城镇最低生活保障的，不再纳入农村最低生活保障范围。保障线标准为：海东地区650元，海南州、海北州、海西州700元，玉树州、果洛州、黄南州750元。保障线标准是根据青海省经济社会发展状况和人民生活水平的高低制定的。到2007年4月底，全省有7.2552万户，22.9172万名困难群众纳入农村最低生活保障范围，占全省农牧民总人口的6.9%。最低生活保障制度对象年人均补差313元，月均补差26元。

2007年6月，根据全国农村最低生活保障工作会议和《国务院关于在全国建立农村最低生活保障制度的通知》的精神，青海省决定从提高保障标准、扩大保障人数、增加补助标准三个方面对农村低保政策进行调整和完善。调整后的农村最低生活保障线平均标准从原来的670元提高到844元，增加了174元；年人均补助标准从原来的313元提高到385元，提高了72元；保障人数从22.9万人增加至34.5万人。

考虑到农村居民收入难以精确计算，所以按照“分层补助、标准有别、突出重点、分类施保”的办法，按不同地区的最低生活保障线标准，根据不同的收入情况，分地区分段确定了补差标准。环湖地区和青南地区，补差标准也相应分为5个和6个段。同时对因病、因残、家庭无劳动能力成员、60岁以上老人等特殊困难群体给予了重点保障，每人每年再增加100元保障金。

农村最低生活保障资金按省和州、县分级负担的原则筹集。其中西宁市、海东地区、海西州，省财政补助所需资金的80%，地方财政承担20%；海南州、海北州，省财政补助所需资金的85%，地方财政承担15%；玉树州、果洛州、黄南州，省财政补助所需资金的90%，地方财政承担10%。农村最低生活保障资金实行专户管理，每年分两次以现金形式发放，有条件的地区实行社会化发放或“一卡通”发放，暂不具备条件的地区实行乡镇集中发放。

（二）青海藏区农（牧）区最低生活保障制度的发展[①]

2008年以来，青海藏区农牧区最低生活保障制度不断完善和提高，主要

① 青海省民政厅社会救助处．青海省2009—2012年度城乡社会救助工作统计分析报告（内部资料）．2013．

表现在以下几个方面：

一是为了弥补因物价上涨对农村最低生活保障对象基本生活的影响，青海省政府在广泛调研农（牧）区的基础上，决定提高补助标准。从2008年7月1日起，农牧民每人每月增加10元补助资金。这样，青海农（牧）区最低生活保障对象月人均补助标准达到62元，年人均补助标准达到745元，有力地缓解了物价上涨对低收入困难群体基本生活的影响。国家统计局青海调查总队的数据显示：2008年1月至9月，青海省居民消费价格指数涨幅居全国前列，农村居民消费价格指数平均涨幅142%，造成农（牧）区居民月人均消费支出增加29.3元。这将使青海广大农（牧）区低保对象的基本生活得到进一步保障。这次提高补助标准，给农（牧）区低保对象增发资金总额为2070万元。民政部门同财政部门筹措下拨资金，确保及时、足额发放到农（牧）区最低生活保障制度家庭，把这项惠民政策落到了实处。

二是进一步推进农村最低生活保障的规范化管理。2008年9月17日，青海省出台了《青海省农（牧）区最低生活保障工作操作规程》（以下简称《规定》），这是2007年青海省建立农（牧）区最低生活保障制度之后，在农村低保制度建设上出台的又一规范性文件。《规程》共十八条，主要对农村最低生活保障的操作从组织机构、责任主体、保障范围、保障标准、对象确定、动态管理、资金筹措、监督检查、责任追究、保障金的发放等方面作了详细说明，并规定了具体的操作程序及办理时限。

三是积极推进农村最低生活保障低保工作的信息化管理。青海省还开发了《青海省农（牧）区居民最低生活保障信息管理系统》，农（牧）区低保工作实行了系统管理。2009年，针对物价上涨对农村低保对象生活造成的影响，青海省再次提高了农（牧）区居民最低生活保障标准，由年人均844元提高到1084元。保障标准提高后保障人数由原来的34.5万增加到了38万人，使全省的农村低保保障比例达到了11.4%，增长了1个百分点。

自2007年青海省正式建立农村低保制度之后到2009年底，三年中全省累计投入农村低保资金6.337亿元。其中2007年为10231万元，2008年为21566万元，2009年为31570万元。随着青海省农村低保资金投入的逐年增加，农村低保标准和保障人数有了大幅的提高和增加，到2009年底全省共有38万名农村困难群众纳入了农村低保制度，全省的平均保障标准为1084元，年人均补差985元，月均82元。

通过以上的分析可以看出，青海省农村最低生活保障制度建制较早，由于实施了农村最低生活保障制度，使农村的重灾民、特困家庭、孤寡残幼和优抚对象等困难家庭的基本生活得到了保障，从而维护了社会稳定，促进了地方经济的发展，收到了良好的社会效益，有助于刚刚实施的农村最低生活保障制度快速起步。

第三章　青海藏区农（牧）区最低生活保障制度运行分析

最低生活保障制度是社会救助制度的重要组成部分，是保障困难群众基本生活的一项民生工程，它与社会保障体系的其他项目协调配合共同编织成保障人民群众基本生活的“安全网”。农（牧）区最低生活保障制度又是最低生活保障制度的核心，只有农牧民奔上了小康，才算是真正的小康。2007年，青海藏区农（牧）区全面实施最低生活保障制度，为了解整个最低生活保障制度的制定、运行，以及实施后的效果等，本部分对青海藏区农（牧）区最低生活保障制度实施前制度制定的指导思想和政策出台的过程、最低生活保障制度实施的内容、实施后取得的效果以及政策运行过程中发现的问题进行系统分析。

一、青海藏区农（牧）区最低生活保障制度的实施

青海藏区农（牧）区最低生活保障制度的实施，与全国农村最低生活保障制度的实施同步进行。2007年1月22日，青海省政府下发《关于建立农村牧区居民最低生活保障制度的意见》（青政〔2007〕9号），决定从2007年1月1日起在全省建立和实施农村最低生活保障制度。[①] 同年7月11日，《国务院关于在全国建立农村最低生活保障制度的通知》（国发〔2007〕19号）文的出台，标志着我国农村最低生活保障制度全面实施。青海地方政府最低生活保障制度的出台早于国务院的通知文件，这充分说明青海地方政府非常重视农（牧）区最低生活保障政策。随后，青海省民政厅、青海省财政厅联合下发了《青海省农村牧区居民最低生活保障制度实施方案》（青民发〔2007〕16号）。这两个文件的出台和实施，标志着青海省继城市低保制度（1997年实施）成功实施后农村低保制度的全面建立和实施。青海藏区农（牧）区最低生活保障制度的实施，依照青海省农村（牧）区居民最低生活保障制度执行。下面根据青海省政府和青海省民政厅、财政厅下发的关于农牧区最低生活保障制度的文件，对青海藏区农（牧）区最低生活保障制度的方针政

① 实际上，青海省最低生活保障制度在1997年就开始实施了，但严格讲2007年之前实施的最低生活保障制度应该称作“特困人员救助”。

策进行解读和对实施情况进行分析。

（一）青海藏区农（牧）区最低生活保障制度建立的总体目标和基本原则

1. 总体目标

农村最低生活保障制度的目标是指建立和实施最低生活保障制度所要达到是目的和期望值。农村最低生活保障制度建立的首要目标就是解决农村贫困人口的温饱问题，这一目标在我国农村最低生活保障制度中有着明确的体现。例如，2007 年《国务院关于在全国建立农村最低生活保障制度的通知》（国发〔2007〕19 号）第二条中规定：“建立农村最低生活保障制度的目标是：通过在全国范围建立农村最低生活保障制度，将符合条件的农村贫困人口全部纳入保障范围，稳定、持久、有效地解决全国农村贫困人口的温饱问题。”① 因为保障农民的基本生活意味着维持贫困农民最起码的生存，是保障生存权利的体现。

在各省出台的农村最低生活保障政策中，直接提农村最低生活保障制度目标的很少，绝大多数省份都把制度目标与指导思想、基本原则混合表述。例如，2007 年，青海省人民政府《关于建立农村牧区居民最低生活保障制度的意见》（青政办〔2007〕9 号）中规定：“为认真贯彻落实党中央、国务院关于完善城乡社会救助体系，切实保障困难群众基本生活的一系列指示精神，进一步完善我省农村牧区特困人口社会救助体系，形成保障农村牧区困难群众基本生活长效机制。省政府决定，从 2007 年 1 月 1 日起，在全省建立并实施农村牧区居民最低生活保障（以下简称‘农村低保’）制度。”② 各省农村最低生活保障政策中制度目标主要包括两方面：一是工作目标。主要规定建立农村牧区居民最低生活保障制度的时间与相关要求。二是保障目标。具体包括三方面目标内容：第一，保障贫困农民的基本生活；第二，促进社会公平、社会和谐、维护社会稳定；第三，促进农村经济发展与社会进步，建设社会主义新农村。

青海藏区农（牧）区最低生活保障的目标与青海省农村最低生活保障的

---

① 国务院关于在全国建立农村最低生活保障制度的通知［Z］. 国发〔2007〕19 号.

② 青海省人民政府关于建立农村牧区居民最低生活保障制度的意见［Z］. 青政办〔2007〕9 号.

目标相一致（青海藏区与非藏区低保方面的区别是由于生活方式和生活环境不同而造成的生活成本差异较大，继而保障标准应有所不同）。在青海省人民政府《关于建立农村牧区居民最低生活保障制度的意见》（青政办〔2007〕9号）和青海省民政厅、青海省财政厅联合下发的《青海省农村牧区居民最低生活保障制度实施方案》（青民发〔2007〕16号）文件中，没有明确指出青海省农牧区最低生活保障的总体目标和具体目标。但是，笔者认真阅读两个文件后发现，文件的字里行间里包含有具体的目标内容，通过整理后概括为：通过在全省范围内建立农村最低生活保障制度，基本形成政策完善、标准合理、资金落实、管理规范的农村低保工作格局，健全保障农村困难群众基本生活的长效机制，将所有符合条件的农村居民纳入保障范围，实现应保尽保，稳定、持久、有效地解决农村贫困人口的温饱问题。

2. 基本原则

青海藏区农（牧）区最低生活保障制度建立的原则，在青海省民政厅、青海省财政厅联合下发的《青海省农村牧区居民最低生活保障制度实施方案》（青民发〔2007〕16号）文件的第一条中明文规定："建立农村牧区居民最低生活保障制度，坚持保障特困群众基本生活的原则；公开、公平、公正的原则；政府保障与社会互助相结合，鼓励生产自救的原则；分类施保，保障重点的原则；分档补助，货币化发放的原则。"[①] 这五个原则的基本含义是：坚持保障特困群众基本生活的原则，指最低生活保障制度建立初期，首先保障的是特困群众（绝对贫困者）的最基本的生活需要即生存需要；坚持公开、公平、公正的原则，指有关政策规定、审批结果、资金使用等情况应张榜公布，接受社会和群众的监督，对核查、评议和审批等各个环节均实行公示、公开；坚持政府保障与社会互助相结合，鼓励生产自救的原则，指保障困难群众的基本生活需要是政府的责任，但由于政府财力有限，还希望有能力的群众、单位、慈善机构等给予帮助，鼓励有劳动能力的低保户靠自己的双手或通过扶贫方式解困；坚持分类施保，保障重点的原则，指要将符合当地农村最低生活保障条件的农村牧区居民纳入保障范围，并科学区分不同情况和层次的贫困人群，采用不同补助标准的救助方式，对农村最低生活保障家庭中的特殊困难群体给予重点救助；分档补助，坚持货币化发放的原则，指享受最低

① 青海省农村牧区居民最低生活保障制度的实施方案［Z］. 青民发〔2007〕16号.

生活保障的群众，其贫困程度不同，所得到的补助有所区别，收入越低，享受的补助越多，最低生活保障的发放形式以货币或现金为主。

（二）青海藏区农（牧）区最低生活保障制度实施的主要内容

青海藏区农（牧）区最低生活保障制度的实施，遵照青海省农牧区最低生活保障制度的方针政策进行。政策方针明确了农村最低生活保障制度的保障标准、保障对象、保障办法、资金筹措、管理办法、操作程序、制度建设、组织领导等内容，下面针对农牧区最低生活保障制度的关键要素逐一进行分析。

1. 确定保障标准

最低生活保障标准又称最低生活保障线，是各地依据当地居民基本生活需求而确定的、判定是否应该给予居民最低生活保障的收入水平线。青海省农牧区最低生活保障制度在确定低保标准上明确了三个方面的内容，即确定低保标准的制定主体、制定依据和调整要求。青海省《关于建立农村牧区居民最低生活保障制度的意见》（青政〔2007〕9号）文第二条明确规定："按照保障特困群众基本生活的原则，根据各地维持农村牧区居民基本生活所必需的衣、食、住等费用，并适当考虑其他日常生活支出"；"保障线标准将根据全省经济社会的发展状况和人民生活水平的提高，以及物价指数的变动作适时调整"；"实施农村低保制度，要针对青海省农村牧区的实际情况，在实行差额补助的基础上，逐步加以完善和健全。农村牧区居民最低生活保障具体补助标准和办法，由青海省民政厅、青海省财政厅负责制定"。[①] 从政策中可以看出，青海省农牧区最低生活保障标准的制定主体是青海省民政厅和财政厅；制定依据是能维持农村牧区居民基本生活所必需的衣、食、住等费用，并适当考虑其他日常生活支出；调整要求是根据全省经济社会的发展状况和人民生活水平的提高，以及物价指数的变动作适时调整。

青海省农村最低生活保障标准的制定实行"菜篮子法"，最早由青海省统计局调查队进行测算，并结合当年的经济发展状况、人均纯收入和物价水平确定2007年（2007年开始实施农村最低生活保障制度）不同地区的农牧区最低生活保障标准，以后每年的变化要求考虑到财力和物价水平。实际执行

① 青海省人民政府关于建立农村牧区居民最低生活保障制度的意见［Z］．青政办〔2007〕9号．

过程中，青海省政府、青海省财政厅、青海省民政厅联合下文通知，统一提高全省最低生活保障的标准，同时下拨资金，并要求地方政府高度重视，即使省上不增加资金，地方政府也可以自己筹资提高标准。青海省农村最低生活保障制度从 2007 年开始执行，全省平均农村最低生活保障标准 844 元 / 年，先后经过 5 次提高标准，2012 年最高达到 2040 元 / 年，六年间农村低保标准平均每年增长 45.49%（表 3–1）。2012 年，全国农村最低生活保障平均标准 2067.8 元 / 人、年；全国农村最低生活保障月人均补助水平 104 元。

表 3–1　2007–2012 青海藏区农村最低生活保障标准及补助标准　单位：元 / 年

年份	藏区农村低保标准		藏区农村低保补助标准	
	海南、海北、海西	黄南、玉树、果洛	海南、海北、海西	黄南、玉树、果洛
2007 年	700	750	200	217
2008 年	900	960	325	370
2009 年	1140	1200	525	610
2010 年	1260	1320	525	610
2011 年	1440	1500	525	610
2012 年	1930	2040	540	625

资料来源：根据青海省民政厅相应年份《青海民政统计年鉴》资料整理

由表 3–1 可以看出，从 2007 年正式建立农村最低生活保障制度以来，青海藏区最低生活保障标准、补助水平指标都在逐年增加，尤其是补助水平增加的幅度较大。归纳影响农村最低生活保障标准变化的因素主要有：一是党和政府关注民生，让贫困者共享经济社会发展成果的执政理念的深化。国家对民生的投入加大，是影响最低生活保障标准的重要依据，同时构建和谐社会的目标也要求党和政府根据贫困居民的生活需要通过调整低保标准，使困难群体共享改革发展成果，满足低收入者不断增长的物质和文化需要，这将是今后调整低保标准的一个越来越有分量的要素。二是经济社会发展，居民总体生活水平提高，党和政府也有能力逐步提高困难群众的基本生活水平。三是随着经济社会的发展，居民消费品价格的不断上涨，导致维持困难群体最低生活所需费用增加，依据低保制度中低保标准与物价联动调整的机制，为不降低困难群众的生活水平，主动调整低保标准。

同时也可看出（表 3–2），低保标准占消费支出比除 2012 年大于农村恩格尔系数[①]外，其余年份均小于农村恩格尔系数，这说明低保标准小于农村居民食品支出。换句话说，低保标准还不能满足居民食品消费需要。2012 年，藏区农牧民纯收入（2012 年 5364.4 元）与全国农村居民纯收入（2012 年 7917 元）相比，相差甚远，虽然低保标准逐年提高，但由于基数较小，仍然不能满足贫困农牧民的基本生活需要。

表 3-2 青海藏区农（牧）区低保标准与有关指标比较分析

年份	低保标准（元）		农牧民人均纯收入（元）		居民消费支出（元）		恩格尔系数	低保标准占居民消费支出比（%）
	标准	涨幅（%）	收入	涨幅（%）	支出	涨幅		
2007 年	844	—	2511.48	—	2475.8	—	44.4	34.08
2008 年	844	0	2848.41	16.7	2974.9	20	43.6	28.37
2009 年	1084	12.5	3281.23	21.5	3065	12.5	42.3	35.36
2010 年	1204	6.26	4061.92	35.6	3789.8	21.5	40.8	31.76
2011 年	1384	13.6	4462.1	28.7	4028	15.4	37.58	34.35
2012 年	1920	38.73	5364.4	20.22	5338.94	32.52	34.8	35.96

资料来源：根据相应年份《青海统计年鉴》《青海民政统计年鉴》资料整理

2. 确定保障对象

农村最低生活保障对象是指经过县级人民政府民政部门批准，享受或即将享受农村最低生活保障制度所规定待遇的农村居民。保障农牧区最低生活保障对象基本生存权，解决农牧民贫困人口的温饱问题，是最低生活保障制度建立的目标之一。青海省确定农（牧）区最低生活保障对象主要把握两个标准：户籍和家庭收入。青海省《关于建立农村牧区居民最低生活保障制度的意见》（青政〔2007〕9 号）第二条明确规定："凡具有我省农牧业户口，家庭年人均纯收入低于当年本地区农村居民最低生活保障线标准的农村牧区居民（包括原享受农村牧区特困人口救助政策的人员）均可申请享受农村牧区居民最低生活保障政策。农村牧区居民与城镇居民混合家庭，已享受城镇低保的，不再纳入农村低保范围。"[②]在具体实施中还出台了一些导向性限制条件，《青海省农村牧区居民最低生活保障工作操作规程》（青

① 恩格尔系数：指居民家庭中食物支出占消费总支出的比重。
② 青海省人民政府关于建立农村牧区居民最低生活保障制度的意见［Z］. 青政办〔2007〕9 号.

民发〔2008〕186号）第六条明确规定："有下列情况之一的，不享受农村低保：因征地拆迁，已转为非农户口的；申报的家庭人均收入低于农村低保标准，但家庭用具、家庭装修及家庭实际生活水平等明显达到或高于当地农村低保标准的；经有关部门确认，有吸毒、赌博等违法违纪行为，且尚未改正的家庭成员；法律、法规规定不享受农村低保待遇的其他情形。"①

3. 核定家庭收入

家庭收入是指共同生活的家庭成员获得的货币和实物收入的总和。家庭收入和低保对象、低保标准有密切联系。农牧民是否被纳入低保户的条件之一就是家庭收入是否低于低保标准，而低保标准的制定是以家庭收入为依据的。只有准确核定家庭收入，才能保证准确确定低保对象，才能做到应保尽保。

家庭收入包括家庭总收入和家庭纯收入。纯收入是指家庭总收入扣除农牧民从事生产和非生产经营费用支出、缴纳税款和上缴承包集体任务金额以后剩余的，可直接用于进行生产性、非生产性建设投资、生活消费和积蓄的那一部分收入。具体包括：经营性收入、工资性收入、财产性收入、转移性收入②等。其中又以经营性收入和工资性收入为主。

家庭人均纯收入＝家庭纯收入 ÷ 家庭人口

家庭人口，《婚姻法》规定，是指家庭中具有法定赡养、扶养或者抚养关系的人员。包括：配偶；未成年子女；已成年但不能独立生活的子女；与父母户口所在地相同的未婚子女；父母双亡且有祖父母或者外祖父母作为监护人的未成年人或者已成年但不能独立生活的孙子女或外孙子女；民政部门根据有关程序认定的其他人员。家庭收入应当将共同生活的家庭成员获得的全部收入计算在内，但家庭按国家规定所获得的优待抚恤金、计划生育奖励与扶助金以及教育、见义勇为等方面的奖励性补助，一般不计入家庭收入。

青海省对家庭成员的范围没有做出规定，青海省《关于建立农村牧区居

---

① 青海省农村牧区居民最低生活保障工作操作规程［Z］. 青民发〔2008〕186号.

② 经营性收入：指农牧民以家庭为生产经营单位进行生产筹划和管理而获得的收入，包括从事农业、林业、牧业、渔业、工业、建筑业，以及第三产业所获得的收入；工资性收入：指农牧民受雇于单位或个人，靠出卖劳动而获得的收入，按来源渠道划分为在非企业组织中劳动得到的收入、在本地企业劳动得到的收入、常住人口外出务工收入和从其他单位劳动得到的收入；财产性收入：指金融资产或有形非生产性资产的所有者向其他机构单位提供资金或将有形非生产性资产供其支配，作为回报而从中获得的收入，包括利息、股息、租金、红利、土地征用补偿等；转移性收入：指农牧民无须付出任何对应物而获得的货物、服务、资金或资产所有权等，包括家庭非常住人口带回和寄回、亲友赠送、调查补贴、救济金、救灾款、扶贫款、退耕还草还林资金等。

民最低生活保障制度的意见》（青政办〔2007〕9号）第三条规定："农村牧区居民家庭纯收入是指所有家庭成员全年农牧业生产及其他合法劳动经营所获得总收入扣除各项生产费用后的总和。农村牧区居民根据国家有关政策规定享受的奖励、荣誉津贴、抚恤补助、优待金、临时性社会救济金、在校生获得的生活津贴和困难补助等不计入家庭收入。""青海省民政厅要会同相关部门制定青海省统一的农村牧区居民家庭收入核算评估办法。"①《青海省农村牧区居民最低生活保障制度的实施方案》（青民发〔2007〕16号）第四条规定："乡镇人民政府负责组织相关人员，指导村社基层干部共同对申请农村牧区居民最低生活保障的特困对象进行家庭收入核查。核定收入要实事求是，客观公正，准确无误。

核定家庭收入的计算方法为：

家庭纯收入＝种植收入＋养殖收入＋多种经营收入＋其他各项收入－生产成本（包括各项税费）

人均纯收入＝家庭纯收入 ÷ 家庭常住人口"②

4. 农（牧）区最低生活保障资金的筹措与管理

农（牧）区居民最低生活保障资金，是指为保障农村牧区居民维持基本生活水平，专项用于补助家庭年人均纯收入低于当地农村居民最低生活保障标准的对象的补助资金。青海省《关于建立农村牧区居民最低生活保障制度的意见》（青政办〔2007〕9号）第五条规定："农村低保资金按照分级负担、多方筹措的原则，由各级政府列入财政预算，省、州、县三级按比例承担。西宁市、海东地区、海西州省财政补助所需资金的80%，地方财政承担20%；海南州、海北州省财政补助所需资金的85%，地方财政承担15%；玉树州、果洛州、黄南州省财政补助所需资金的90%，地方财政承担10%。各地根据财政状况制定相应的州、县资金分担比例。""省财政补助资金由省民政厅提出意见，省财政厅审核后共同下达。要加强对农村低保资金的管理和监督，专户管理，专款专用，严禁挤占、挪用。要实行年度考核制，对地方应承担资金不落实的地区，省财政根据考核情况相应扣减补助资金。""各级政府要多渠道筹集农村低保资金，鼓励和引导企业、社会组织和个人为农

① 青海省人民政府关于建立农村牧区居民最低生活保障制度的意见［Z］. 青政办〔2007〕9号.

② 青海省农村牧区居民最低生活保障制度的实施方案［Z］. 青民发〔2007〕16号.

村低保捐赠和资助，所捐助的资金全部纳入农村低保资金专户管理，用于农村低保工作。”①

为加强青海省农牧区居民最低生活保障资金管理，规范资金使用，保证农牧区居民最低生活保障制度的顺利实施，《青海省农村牧区居民最低生活保障资金暂行管理办法》（青民发〔2010〕227号）规定：“农村低保资金来源：各级财政预算安排的资金；上级财政补助资金；社会各级为农村居民最低生活保障提供的捐赠资金；低保资金利息收入；其他资金。”“农村低保资金按照分级负担、多方筹措的原则，由各级政府列入财政预算，省、州、县三级按比例承担。省及地方各级政府承担比例按省上确定的方案执行。各州（地、市）、县（市、区、行委）根据当地财政状况制定相应的州、县资金分担比例。”②农村低保资金全部发放现金，在县级民政部门的统一管理下，由低保制度制定初期的每年春节前和九月份分两次发放，为了能让低保户及时得到保障，2012年进行改革，改革为各乡镇必须按月发放现金到农村低保对象手中。同时，要求有条件的地区实行社会化发放或“一卡通”发放，暂不具备条件的地区可实行乡镇集中发放。

2007—2012年，青海省农村低保资金支出及各级财政承担资金构成可通过表3-3和3-4反映。

表3-3　2007—2012年青海省农村低保资金支出构成

年份	省级承担资金（万元）	占总支出比重（%）	其中：中央投入（万元）	占省级承担资金比重（%）	州县配套部分（万元）	占总支出比重（%）	资金支出合计（万元）
2007年	9339.21	91.28	8557	91.62	891.79	8.72	10231
2008年	20800	96.45	19040	91.54	766	3.55	21566
2009年	30235	95.77	27695	91.60	1335	4.23	31570
2010年	36493.58	81.37	34900	95.65	8352.07	18.62	44845.65
2011年	54176.5	93.41	43883	81.00	3823.5	6.59	58000
2012年	57900.3	93.38	54600	94.3	4101.7	6.62	62002

资料来源：青海省民政厅

通过以上数据可以看出，2007—2011年省级承担的低保资金中，中央投

① 青海省人民政府关于建立农村牧区居民最低生活保障制度的意见［Z］．青政办〔2007〕9号．

② 青海省农村牧区居民最低生活保障资金暂行管理办法［Z］．青民发〔2010〕227号．

入的资金占80%以上，多数年份高达90%以上，州县配套资金原则上规定在10% ~ 20%。由于州县财力有限，实际上2011年州县配套资金都没有达到规定标准，除西宁地区外，其他地区均在10%以下。

表3-4　2011年青海省农牧区部分地区低保资金支出表

地区	省级承担资金（万元）	占总支出比重（%）	州县配套部分（万元）	占总支出比重（%）	资金支出合计（万元）
海北州	4214.87	92.97	318.94	7.03	4533.81
海南州	5543.81	93.32	396.56	6.67	5940.37
海西州	3556.66	95.82	155.18	4.18	3711.84
黄南州	4117.35	94.08	259.17	5.92	4376.52
玉树州	7771.21	98.81	93.67	1.19	7864.88
果洛州	4271.40	99.59	17.24	0.40	4288.64
海东地区	14294.77	91.86	1267.51	8.14	15562.28
西宁市	10406.43	88.78	1315.23	11.22	11721.66
合计	54176.5	93.41	3823.5	6.59	58000

资料来源：根据相应年份《青海省民政统计年鉴》《青海财政统计年鉴》资料整理

青海藏区低保资金筹集以中央补助为主，县以下政府目前不承担配套资金。这种现象是不合理的，县以下政府应该配套，这样才能使更多人受益。

5. 确定申报、审批程序

农村最低生活保障操作程序一般为：户主提出申请—村民委员会民主评议—张榜公示—乡镇政府审核—张榜公示—县级民政部门审批—张榜公示—发放最低生活保障金。

青海藏区农（牧）区最低生活保障操作程序坚持公开、公平、公正的原则，实事求是的原则，接受社会和群众的监督。农村牧区居民最低生活保障对象由个人申请或村民小组推荐，村委会负责申报，乡镇人民政府审核，县级民政部门审批。重点把握四个环节：申请环节；审核环节；审批环节；资金发放环节。具体程序是：①

第一步，申请享受农村低保待遇的，按属地管理原则，以家庭为单位，由户主或村民小组向其户籍所在地的村委会提出书面申请，或村民小组推荐，

① 青海省人民政府关于建立农村牧区居民最低生活保障制度的意见［Z］. 青政办〔2007〕9号.

并按规定要求填写《青海省农村牧区居民最低生活保障申请审批表》。

第二步，村委会在收到申请人申请后，在10个工作日内完成对申请人家庭经济和实际生活情况初审、评议和上报工作。经村（牧）民委员会进行入户调查、核实家庭收入、组织评审、张榜公布，对无异议的，报乡镇人民政府审核；对有异议的，要向申请人说明情况，讲清理由，做好解释工作。

第三步，乡镇人民政府民政部门对村委会报送的申请对象，在10个工作日内完成审核、上报工作。经乡镇人民政府审核、公示后，群众一致认可的，报县级民政部门审批。

第四步，县级民政部门对乡、镇人民政府上报的农村低保对象在10个工作日内完成审批，并将审批结果告知乡镇人民政府，由乡镇人民政府和村委会分别进行3—5天的张榜公布。群众无异议后，即批准该户享受农村最低生活保障，并由县级民政部门核发《青海省农村居民最低生活保障证》，凭证享受低保政策。农村低保金全部发放现金，在县级民政部门的统一管理下，由各乡镇于每年的春节前和9月份分次发放到低保对象手中。有条件的地区须实行社会化发放或“一卡通”发放，暂不具备条件的地区可以实行乡镇集中发放。村委会核定家庭经济状况必须采取入户调查方式，对申请人的家庭收入情况和吃、穿、用等实际生活状况建立表册档案，并经申请人和村委会经办人双方签字确认。

村民委员会受乡镇人民政府委托，承担受理本村农村低保对象的申请、初审、日常管理和服务等工作。申请农村低保对象的评议工作，可通过村民代表会议、村务公开监督小组，或成立由村委会干部2—3人，群众3—5人，合计5—8人组成的民主评议小组组织进行。其开展工作的具体办法，由县级民政部门根据本地实际情况，自行研究确定。农村低保申请、审批一般于每年1—3月份集中办理。

6. 组织管理

严格规范的管理，是确保最低生活保障顺利实施的关键环节。青海藏区农村牧区居民最低生活保障制度实行各级人民政府负责制。民政部门是实施农村牧区居民最低生活保障制度的主管部门，负责做好牵头工作。青海省《关于建立农村牧区居民最低生活保障制度的意见》（青政办〔2007〕9号）第六条规定：“各有关部门要按照政府主导、民政主管、部门配合、社会参与的原则，各负其责，加强协作。各级民政部门要加大管理工作力度，精心组织，周密安排，规范运作，建立健全各项规章制度，加快农村低保信息化建设，不断提高规范化、制度化、科学化管理水平；各级财政部门要落实农村低保资金，加强资金管理和监督，定期督促、检查资金的拨付和使用情况，并落实必要的工作经费；各级发展改革、统计、劳动保障、农牧、扶贫等部门要与民政部门密切协同配合，共同做好农村低保标准的测算、调整以及农村家庭收入计算等各项相关工作；各级监察、审计部门要加强对农村低保工作的监督和审计，确保低保资金按时拨付和合理使用，对虚列、挤占、挪用、违法违纪行为要及时纠正和处理，对有关单位和人员要按有关规定严肃查处。”①

青海省为进一步规范最低生活保障管理工作，2010 年又陆续出台了三个文件:《青海省城乡居民最低生活保障动态管理办法》（青政办〔2010〕33 号）、《青海省农牧区居民最低生活保障资金管理暂行办法》（青民发〔2010〕227 号）和《关于进一步规范城乡居民最低生活保障管理工作的意见》（青民发〔2010〕272 号）。其内容包括以下方面：②

规范农村低保对象的界定。在规范户籍认定条件的问题上，对于一个家庭成员中既有城镇户口人员，又有农村户口人员的家庭，原则上可将在城镇居住、不拥有承包土地（草场）、不参加农村集体经济收益分配等作为申请城市低保的户籍条件，家庭成员中的农村户口人员可与其他家庭成员同时由户主申请低保。对于家庭成员户口不在一起的城市家庭，条件允许的，应首先将户口迁移到一起，然后再申请低保。因特殊原因无法将户口迁移到一起的，应由户主在其户籍所在地提出低保申请，其他家庭成员分别提供收入证明。原则上，户籍不在本地的家庭成员应申请享受其户籍所在地的低保待遇；特殊情况也可随户主一起申请享受居住地的低保待遇。申请享受居住地低保待遇的，应由其户籍所在地乡镇（街道）政府或村（居）民委员会出具未享受低保待遇的证明；在规范家庭财产的类别和条件的问题上，要求各地将家庭财产作为认定城乡低保对象的重要依据。对于拥有大额存款、有价证券、多套房产、机动车、经营性资产等财产的家庭，各地应根据财产类型规定不

① 青海省人民政府关于建立农村牧区居民最低生活保障制度的意见［Z］. 青政办〔2007〕9 号.

② 青海省城乡居民最低生活保障动态管理办法［Z］. 青政办 33 号. 青海省农牧区居民最低生活保障资金管理暂行办法［Z］. 青民发〔2007〕227 号. 关于进一步规范城乡居民最低生活保障管理工作的意见［Z］. 青民发〔2010〕272 号.

同的条件，并依据这些条件来认定低保对象；在规范家庭收入的类别和计算方法的问题上，规定家庭收入是指共同生活的家庭成员在规定期限内的全部可支配收入，包括扣除缴纳的个人所得税及个人按规定缴纳的社会保障性支出后的工资性收入、经营性净收入、财产性收入和转移性收入等。家庭人均月收入是否低于当地低保标准，是能否享受低保待遇的基本条件。在规范家庭收入的减免类型和金额的问题上，可以减免的类型如独生子女费、孤残儿童基本生活费等，应根据青海省城乡居民最低生活保障《操作规程》相关规定执行。

农村最低生活保障资金的筹措。农村居民最低生活保障资金由省、市、县三级财政按比例筹集。原各级农村特困群众救助资金全部相应转为农村居民最低生活保障资金。根据各市（州、地）人均生产总值、财政收入状况、农民人均纯收入、贫困人口数量等因素，各市（州、地）人民政府（行署）要比照省划分地区类别的办法，合理确定市、县两级财政应承担的比例，并足额纳入财政预算。

农村最低生活保障资金的发放。农村低保金以货币形式由乡镇人民政府社会救助工作机构按季度组织发放，原则上在每季度的第一个月发放。有条件的地方，推行社会化发放，由县级民政部门委托金融机构直接发放到农村低保对象的个人账户。未实行社会化发放的地区，乡镇人民政府社会救助机构工作人员在领取证上如实填写发放记录，保障对象本人以恰当的方式予以确认。对行动不便或生活不能自理的保障对象，可经本人委托由他人代领或由乡镇人民政府社会救助工作机构派工作人员直接发放到户到人。

农村最低生活保障对象实行动态管理。原则上每年审核一次，期间家庭情况发生变化的要及时调查核实。审核要按照保障对象的审批程序进行，根据其家庭经济状况的变化，及时办理停发、减发或增发低保金的手续。经核实家庭收入达到或超过低保标准的低保对象，乡镇社会救助工作机构应将取消保障待遇意见上报县级民政部门，批准后终止其保障待遇，委托村民委员会进行公示并书面通知本人，收回《青海省农村居民最低生活保障证》交县级民政部门统一销毁。对于用不正当手段骗取低保待遇的对象，一经发现立即取消其低保待遇，追回已领取的低保金。

农村最低生活保障的监督机制。农村低保监督机制以“四公开”为原则：低保政策公开，保障对象公开，保障标准公开，补助水平公开。县、乡人民政府及其相关部门、村民委员会要将有关政策规定和资金使用情况，以及民主评议意见、审核审批结果、实际补助水平等实施情况作为政务公开、村务公开的重要内容，及时向社会公布，接受公众监督。各级民政、财政部门建立农村低保工作定期通报和责任追究制度。各级监察、审计部门对农村低保资金进行监督和审计，确保资金按时足额拨付和合理使用。有关部门及时调查处理群众反映的问题，并公开处理结果。

（三）最低生活保障制度的配套措施

建立农村最低生活保障制度，是农村最低生活保障事业发展的基本要求，但要从根本上推进农村最低生活保障制度持续、稳健发展，还必须从农村社会、经济发展的需要出发，采取一系列相关的配套措施，为农村最低生活保障制度建设创造必要的条件。通过对上述农村低保制度运行的分析可以看出，仅仅依靠低保制度本身，农村低保资金相对于庞大的农村贫困户而言简直是杯水车薪，很难达到对广大农村低保户的救助目的。如果没有各种配套措施减轻农村低保资金给付的压力，也难使保障对象摆脱困境，基本生活需求都很难满足。鉴于此，在农村低保工作中，各地一般都采取多种措施。低保工作虽然由专门的民政部门负责具体事宜，但低保救助不是哪一个部门的事情，加强财政、民政、教育、劳动保障、卫生、司法行政、农业等部门的沟通与协作，探索一个包括多项救助在内的新型低保救助体系，实现由单项救助向综合救助的转变，才是低保制度发展的趋势。

除新农合、新农保外（青海省新型农村养老保险、新型农村合作医疗制度，根据中央指示精神与全国各地同步进行，这里不再繁述）。近年来，青海省相继出台和修改了与农村最低生活保障制度有关的社会保障措施，包括：农村五保户制度、农村医疗救助、农村危房改造 、扶贫与低保衔接等制度。

1. 医疗救助

为了切实解决困难群众就医方面的困难，2010 年 7 月，青海省民政厅、青海省财政厅、青海省卫生厅、青海省人力资源和社会保障厅联合出台了《青海省城乡医疗救助实施办法》（青民发〔2010〕222 号）。医疗救助的对象，分为以下三种类型：一为低保对象中无劳动能力、无经济来源、无法定赡养人或抚养人的“三无”对象和重点优抚对象。二为低保对象中 60 岁以上的老年人、长期卧床病人（卧床半年以上的）、基本丧失劳动能力的残疾人（主要包括：盲二级以上、听力三级以上、语言二级以上、智力中度以上、肢体二级以上、精神二级以上和综合残疾的）。三为低保对象中一般保障对象家庭成员。工伤、交通肇事等不予救助。①

2. 五保户供养

2008 年，青海省以政府令的形式发布了《青海省农村牧区五保供养工作办法》，2011 年再次进行了政策调整，到 2012 年，全省五保对象分散供养标准平均达到每人每年 3225 元，集中供养标准平均达到每人每年 3686 元。调整后的农牧区五保供养标准为：分散供养五保对象的年供养标准按当地县级人民政府公布的上年度农牧民人均纯收入的 70% 确定；机构内集中供养的五保对象按当地上年度人均纯收入的 80% 确定。如当地农牧民人均纯收入出现负增长，五保对象的供养标准仍按上年标准执行；州（地、市）及县级人民政府可结合当地经济社会发展水平适当提高本行政区域的五保供养标准，但不得低于省定标准。截至 2012 年，青海省五保对象为 22436 名，五保户供养年人均水平已经达到 2396 元，资金由州县财政自筹解决。②

3. 农村危房改造

为改善困难农牧民的住房问题，2009 年 8 月，青海省民政厅、青海省住房和城乡建设厅、青海省财政厅出台了《青海省农村困难群众危房改造工程建设管理暂行办法》（青民发〔2009〕142 号）。扶持对象：农村低保、五保户、重度残疾人、优抚人员。2009 年、2010 年两年按户均共安排 9.9 亿元（户均补助 19200 元）资金，实施全省农村牧区困难群众危房改造和奖励性住房建设，改善了 5.16 万户困难群众住房条件和鼓励 5 万户农村居民进行住房改造。2012 年，安排 5.7 万户特困群众危房改造及奖励性住房 10 万户，财政补助 16.9 亿元。全省 8.8 万户农村困难群众危房改造基本完成。③

4. 扶贫与农村低保制度衔接

2009 年，国家把青海藏区泽库县设为国家扶贫开发与低保衔接试点县。在此基础上，2010 年，又在大通、湟中、平安、乐都、民和、化隆、循化、尖扎、达日、甘德、玉树、杂多、治多、囊谦等国家扶贫开发重点县开展农村低保

① 青海省城乡医疗救助实施办法［Z］. 青民发〔2010〕222 号.

② 青海省民政厅社会救助处. 青海省 2009—2012 年度城乡社会救助工作统计分析报告（内部资料）. 2013.

③ 青海省民政厅社会救助处. 青海省 2009—2012 年度城乡社会救助工作统计分析报告（内部资料）. 2013.

与扶贫开发制度衔接试点工作。青海藏区农村低保与扶贫开发制度衔接试点县有尖扎、达日、甘德、玉树、杂多、治多、囊谦这7个县。农村扶贫开发与农村最低生活保障制度的衔接为完善农村社会救济制度，缩小城乡差距，从根本上解决农村贫困问题提供了制度上的保证。

二、青海藏区农牧区最低生活保障实施效果分析

从2007年青海藏区农（牧）区开展最低生活保障制度至今，已经发展了很多年。最低生活保障制度是否有效地保障了农牧区困难群众的基本生活，对青海藏区农牧区低保政策的实施效果进行评价，从中找准存在的问题和差距，分析形成的原因，研究完善的措施，推进青海藏区农牧区低保事业健康发展，是当前需要研究的重点课题。

（一）评价指标的选择

为了客观地对青海藏区农（牧）区最低生活保障制度的实施情况进行评价，本文选择农村低保救助力度系数、农村低保生活救助系数和农村低保覆盖率这三个指标反映现行青海藏区农牧区低保制度的救助水平和济贫效果。

1. 农村最低生活保障救助力度系数

该系数反映的是政府对农村低保对象的实际救助力度。其公式为：

农村低保救助力度系数 = 当年度农村低保标准 ÷ 上年度农民人均纯收入水平

根据公式可以看出，救助力度系数是基于地区实际情况做出的判断，能够有效剔除经济发展不平衡对区域比较带来的影响。在公式中，系数越大说明政府对农村低保对象的救助力度越大，系数过低说明政府的救助力度不足。但系数也不能过大，以免产生“福利依赖”和“养懒汉”的现象。按照国际贫困线标准，政府对低保人口的救助力度在0.5倍左右，即救助水平达到当地农民人均纯收入的50%能够有效保障低保群体的基本需要。①

2. 农村生活救助系数

该系数可用来反映救助水平能否满足农民日常食品消费需要。其公式为：

农村生活救助系数 = 当年度农村低保标准 ÷ 上年度农民人均食物消费水平

① 米红，叶岚．中国农村最低生活保障标准的模型创新实证研究，浙江社会科学［J］．2010（5）：53-59.

从公式看，若农村生活救助系数介于 0~1，说明低保群体享受的补助未能达到地区农民平均食物消费水平。按照国际统计经验，系数在 0. 65 左右可以基本解决低保群体的食品支出。①

3. 农村最低生活保障覆盖率

该指标可以用来反映现有救助水平的应保尽保程度。其公式为：

农村低保覆盖率 = 年度享受低保救助的人数 ÷ 年度农村总人口数

显然，农村低保覆盖率越高，说明制度应保尽保的实现程度越好。从近几年国家设定的贫困标准来看，农村贫困人口占农村总人口的比例在5%左右。因此，② 应保尽保的低保救助覆盖率的参考值应为 5%。

（二）评价数据及结果分析

按照农村低保救助力度系数、生活救助系数和农村低保覆盖率测算出的 2012 年青海藏区农牧区最低生活保障制度的实施效果指标情况（表 3–5）。

根据上述有关计算资料可以看出，自 2007 年青海藏区农（牧）区最低生活保障制度实施以来，总体上取得了良好的效果，其具体表现在：农村低保救助力度系数、农村生活救助系数、农村低保覆盖率三项指标中，两项指标达到了要求，一项指标虽然没有达到要求，但距离达标差距不大，也算是基本达标。

表 3–5　2012 年青海藏区农牧区低保制度实施效果测算表

地区	农村低保标准（元/年）	上年农牧民人均纯收入（元/年）	农村低保救助力度系数	上年农牧民人均食品消费支出（元/年）	农村生活救助系数	低保人数（万人）	农牧民总人口（万人）	农村低保覆盖率（%）
全国	2067.8	6977	0.30	2107	0.98	5340.9	64222	8.30
甘肃	1597.31	3909.37	0.41	1548.19	1.03	343.4513	1774.98	19.35
青海平均	1920	4608.46	0.42	1716.39	1.19	38.0711	199	19.10
青海藏区	2040	4462.12	0.46	2044.44	0.99	17.6017	140.832	12.50

资料来源：根据相应年份《中国统计年鉴》《青海统计年鉴》《青海民政年鉴》有关资料整理

农村生活救助系数（达标数应该是 0.65，实际数是 0.99），说明救助水

① 王增文 . 农村最低生活保障制度的济贫效果实证分析，贵州社会科学［J］. 2009（12）：107–108.

② 王增文 . 农村最低生活保障制度的济贫效果实证分析，贵州社会科学［J］. 2009（12）：107–108.

平能否满足农民日常食品消费需要；农村低保覆盖率（达标数应该是0.05，实际数是0.125），可以用来反映现有救助水平的应保尽保程度。这两项指标的数据说明青海藏区农（牧）区最低生活保障基本上做到了应保尽保和保证了贫困群众的基本生活需要；农村低保救助力度系数（达标数应该是0.5，实际数是0.46），反映政府对农村低保对象的实际救助力度，指标的计算结果说明政府对贫困群众的救助力度还不够，但差距并不大。这充分说明最低生活保障对保障农牧民基本生活水平起到了托底性、基础性的作用，贫困农牧民基本实现了低水平下的应保尽保，实施效果明显。

但是，如果把青海藏区农牧区低保制度实施的有关效果指标与青海全省、西部的甘肃省和全国的平均水平进行比较，还有一定的差距，要走的路还很长。具体分析如下：

（1）现行最低生活保障救助水平尚属低层次的保障。农村生活救助系数主要反映的是救助水平满足农民日常食品消费需要的程度。通过数据测算可以看出，青海藏区农牧民生活救助系数为0.99，高于0. 65倍的参考值，也高于全国平均农村生活救助系数（0.98），低于西部的甘肃（1.03），也低于青海全省的平均水平（1.12）。即使超过了0.65的参考值并不能说明现行低保标准能够充分满足农民的食物之需和有效解决温饱，低保标准还不能使低保群体食物消费达到当地农民的平均水平。按照青海藏区低保标准2040元计算，贫困人口每天的生活消费（2040元除以365天）仅为5.59元。按照一般的生活常识，不足以满足基本的营养需求并生活得健康，更何况补助还要用来承担医疗、教育等方面的支出。农村低保救助力度系数也能反映出现有保障标准的低层次性。青海藏区的低保救助力度系数仅为0. 46，低于0. 5的基本参考值，即使高于全国0.3的水平、甘肃0.41的水平、青海平均0.42的水平，但仍然很低。这说明现有保障水平尚难满足低保群体的其他生活需要，政府对其救助力度明显不足。

（2）最低生活保障救助与全国平均水平相比，基本实现了低标准下的应保尽保。测算数据显示，青海藏区农村低保覆盖率为12. 5%，远远超出参考值5%，并超过全国平均水平（8.3%），总体表明现行财政支持低保水平基本能够保证将贫困人口的绝对贫困人口纳入保障范围。但与西部邻省甘肃（19.35%）相比还较低，甚至还低于本省的平均水平（19.4%），与青海藏区40万的贫困人口相比，只占贫困人口的44%，说明有一半以上的贫困人口还未能享受低保。实际上，青海藏区的贫困标准与国际比较差别甚大，如世界银行规定的全球贫困标准是人均每天消费 1.25 美元，按目前基本汇率 1 ∶ 6.5 计算为人民币的贫困标准应为 2966 元，是青海藏区现行贫困标准的近两倍；印度的扶贫标准接近人均每天消费 1.2 美元的水平，折合人民币的贫困标准是 2847 元。因此，从农村贫困标准的分析及比较看，虽然目前财政对农村低保的支持能基本实现应保尽保，但只是低标准下的实现。随着国家贫困标准的提高，政府仍面临制度“扩面”对财政的支持需求。

综上所述，青海藏区农村低保呈现“水平低，覆盖广”的特征，即注重解决低保群体的基本温饱，无法满足“生活健康”层次的消费需求，“提标”力度明显不足，不能体现“有效解决贫困人口温饱问题”和较高贫困标准下的制度覆盖。因此，在当前物价增幅较大，进一步削弱了既定标准的保障效用的情况下，迫切需要政府增加对农村低保的财政投入，加大对农村低保的救助力度。

三、青海藏区农（牧）区最低生活保障制度存在的问题及原因分析

随着青海藏区农（牧）区最低生活保障制度的不断探索和实践，最低生活保障制度取得了较大进展，对促进农牧区社会经济的稳定和发展发挥了重要的积极作用。一张保障农牧区贫困人口最低生活的安全网正在形成，但由于最低生活保障制度刚刚建立在实施过程中问题较多，通过绩效分析也可以看出，农牧区最低生活保障制度还处在建立健全阶段，很多问题还需要解决。

（一）建制较早，但制度不规范

青海省农村最低生活保障制度是在农村特困群众生活保障制度的基础上逐步改进建立起来的。当时的最低生活保障制度按照保障基本口粮，再补点零用钱，以储金会为依托实施农村最低生活保障制度的原则。由于实施办法结合青海省的实际，曾经是全国各地学习的典范。2007 年，青海省政府下发《关于建立农村牧区居民最低生活保障制度的意见》（青政办〔2007〕9 号），决定从 2007 年 1 月 1 日起在全省建立和实施农村最低生活保障制度，而全国农村最低生活保障制度是在 2007 年 7 月 11 日出台的，即《国务院关于在全国建立农村最低社会保障制度的通知》（国发办〔2007〕19 号），青海地方政府低保制度的出台甚至早于国务院的通知，这说明地方政府非常重视青海省

农村最低生活保障制度的实施。随后，青海省民政厅、青海省财政厅联合下发了《青海省农村牧区居民最低生活保障制度实施方案》（青民发〔2007〕16号）。但是，仔细分析青海省农村最低生活保障制度的各项方针政策可以发现，制度还很不规范。具体表现在以下几个方面：

（1）目前农牧区低保户的确定是通过下达指标的形式进行，根据指标多少逐级分配到基层。采用“倒推选贫法”的方法来确定农村低保对象的名额，村里根据上级分配下来的名额采取个人申请与村干部提名推荐相结合的方式来确定低保对象，低保对象选取的主要工作在村这一级。这种方法虽有一定的合理性，但是却与农村低保核定家庭收入的政策规定不完全符合。因为指标限制，目前提倡实行按户施保，保人不保户，一户中有人享受低保，有人不能享受低保，即使享受低保的人口，享受低保的等级也有所区别；由于指标限制，达到低保标准的贫困人口只有一小部分享受低保，大部分未能享受低保。例如，共和县有农牧民8.7637万人，达到低保标准的贫困户有2.9万人，贫困率为33.09%，实际享受低保的人口为0.79万人，低保覆盖率为9.01%。①

（2）由于制度原因，未纳入农牧区低保范围的低保边缘户与低保户的待遇差别较大。由于最低生活保障政策是以测算家庭收入为基础，未考虑家庭支出，月人均收入略高于最低生活保障线标准。但仍在低保线边缘徘徊的低保边缘家庭，一旦出现收入未增加，支出却大幅增加的情况，如遭遇自然灾害、重病以及子女非义务教育阶段投入等问题，他们的实际生活可能会比低保人群更艰难，低保边缘群体徘徊在各类专项救助之外。近年来，针对广大群众普遍反映强烈的医疗、住房、教育等民生问题所建立的各项专项救助制度，形成了与低保相配套的社会救助体系。然而这些专项救助制度都是以低保制度为基础，如医疗救助制度的救助对象为享受最低生活保障的对象、五保供养对象、重点优抚对象，教育救助制度的救助对象为享受低保家庭的子女。目前，凡是低保对象就可以自动享受医疗、教育等专项救助，经过多层面的“减负”，使他们重新树立走出贫困、战胜贫困的信心。而处于低保边缘的这部分困难群体，他们的生活状态仍然恶劣，在面临看病难和教育经费负担重等问题时，得不到实际需要的救济，导致他们的实际生活水平往往还大大地低于低保户在享受各种优惠政策后的生活水平，出现了一种“有了低保什么都有，

---

① 州民政局调研组．青海省海南州农牧区最低生活保障调查分析（内部资料）．2013.

没了低保什么都没有”的现象。

（3）由于农牧区最低生活保障制度与城市最低生活保障制度不同，导致最低生活保障标准不同，待遇不同。城镇低保按月发放，农牧区低保按年发放。而且发放标准不同，城市低保标准高，农牧区低保标准低。例如，共和县2012年城镇低保标准平均每人每月228元，换算成每人每年是228×12=2736元，而农牧区低保标准平均每人每年只有1233元，相差1503元，差距很大。[①] 由于制度的问题，造成了城乡低保的不合理，导致不公平，也加大了民政工作人员的工作量。

（4）目前对农牧区困难群众的救助形式单一。就社会救助而言，困难群众对社会救助的需求是多层次、多样化的。现阶段，困难群众的食物短缺问题已基本得到解决，“饿死人”的现象不会出现，但起码的教育、医疗、住房、就业技能培训、文化以及对人的关怀等基本需求正逐步成为新的救助领域，逐步提到议事日程。但是，目前的社会救助工作，救助方式较为单一，主要表现在两个方面：一是除了现金和物品的救助外，其他救助很少，主要以货币为主，有少许实物（面粉）。由于农牧区自然环境恶劣，交通不便，一旦发生自然灾害会出现有钱买不到东西的现象，农牧民的日常生活会受到影响，对困难群众精神上慰藉少；二是即时性救助较多，发展性救助较少。从总体上看，尽管每年都在救助一定数量的困难群众，但是新的一年里仍然有相当数量的困难群众需要救助，根源就在于救助方式的单一（只考虑基本生活需要，忽视其他方面的需求），减弱了救助工作的效果。

（二）确定最低生活保障对象和核算最低生活保障家庭收入难

农村居民收入界定困难造成了最低生活保障对象确定上的困难。青海省对农村最低生活保障家庭收入的核算，青海省政府出政策，青海省民政厅出家庭收入计算方法，各州县根据上级的方针政策，结合本地具体情况出台具体的计算细则。但由于家庭收入的核算政策制定得很宽泛，在实际执行中存在以下问题：

1. 家庭收入隐形化

一是收入难以货币化。由于农牧民收入中粮食、畜产品等实物收入占相

① 州民政局调研组．青海省海南州农牧区最低生活保障调查分析（内部资料）．2013．

当比重，将这部分实物收入转化为货币收入，还没有统一的标准，随意性较大；二是农牧民收入的不稳定性。在牧区，除农作物和畜产品收入的季节性受自然灾害的影响较大外，外出务工人员、采挖虫草人员的逐年增加，也增加了收入的不稳定性；三是因家庭无明显的、固定的收入来源，大部分家庭收入差别不大，存在互相攀比的情况，核定低保对象难度较大。这些都是近年来最低生活保障家庭收入界定的最大难题，部分人通过隐报、瞒报等手段掩盖自己的实际家庭收入，而管理人员在调查中得不到相关部门的配合，银行存款、私有房产等作为公民的隐私权，民政部门无权强行查看，每个最低生活保障家庭的实际收入很难确定。因此，对最低生活保障家庭实际收入的审定只能依靠对本人和邻居的询问，掌握的情况真实性难以保证。家庭成员中有经济来源，但不愿意提供劳动报酬证明或以各种理由少报、漏报、瞒报收入的现象在一定程度上存在。因此，造成在入户调查和收入核定工作中，只能以采用外部行为观察法，即通过其消费水平或者生活方式的行为观察居民的收入水平。这虽然是一个重要而又有效的方法，但对于那些处于低保临界线的家庭同样存在着界定难的现象。以上这些因素的存在，导致了对家庭收入界定的难度增大。还有已经享受低保的家庭在收入水平超过低保线标准的时候不主动申报家庭收入，目的就是为了多领低保金。到目前为止，公民的存款额只有公安机关才有权查处，民政部门没有相应的权力，这是中国法律制度中公民财产的隐私权与公平性之间的悖论。在国外，一般都是工资和存款实名制，在法律法规制度下借助计算机技术可以做到财产的一目了然。在中国，由于法律和制度的缺失以及地区经济发展的不平衡性，使得金融资产收入和隐性收入核算在短时期内还有很多困难，只能是通过群众反映的情况采取酌情处理。

在实际执行过程中，部分地区存在着农牧区保障重点不突出、低保对象确定不准确的现象。关于“五保户”是否属于农牧区最低生活保障范围，文件中并没有明确的规定。

2. 家庭成员界定困难

有部分家庭把年老体弱的老人从家庭成员中分离出来，成为独居老人，从一定程度上弱化了子女的赡养义务，甚至变相把老人赡养义务推向社会，造成新的困难群体；另外，也存在一些村干部为把自己的亲属纳入低保对象，进行拉选票等现象。还有的地区由于低保的资金少，而低收入者多，在僧多粥少的情况下，只能把有限的低保资金平均分配给低收入者。比如本来50元应该给一户低保人家，可是村干部担心有些人攀比闹事，也经受不住每天来找干部要低保的折腾，就把50元低保金分成5份，分别分给5个低收入家庭，这样做虽然每户得到的救助额少，但大家会觉得公平分配了。但是问题在于该救助对象没能得到很好的救助，不该救助的却得到了救助，损害了低保家庭的救助权力，使低保的功能和作用没能得到很好地发挥。

3. 动态管理阻力大

因低保家庭收入不固定，社区工作者要定期跟踪随访低保家庭，以随时了解最新情况。实际工作中，一方面许多低保户采用种种手段逃避甚至抵制检查工作，以冒领多领低保。更有部分低保户，在收入达标被取消低保资格后心生不满，认为损害了自己应得的利益，从而对社区工作人员抱有不满，阻碍了低保工作正常有序地开展。疾病等造成的贫困是暂时的，当被保者摆脱困境后，就应该退出低保，但就目前低保工作的运行机制而言，退出机制反应慢是一个普遍现象。另一方面对被保者的经济收入动态情况缺乏有效的监督机制，被保者的收入包括劳动所得、投资所得、继承所得、救助所得、意外所得等，但作为管理低保工作的部门，对被保者经济收入上的动态监控缺乏有效措施，社区及社区居民小组，也很难做到有效监控，使一部分收入高于低保线家庭不能及时退出，因而被保者的救济标准审定和“脱保”工作还存在很多困难。

4. 农牧民群众对最低生活保障制度的认识存在误区

在低保制度实施过程中，由于对低保制度认识上存在误区而产生了许多问题。例如，虽然制定了低保标准，但实际操作中不按标准严格进行收入核算，而是完全由村委会民主评定，村委会为了息事宁人而不得不采取“按人施保”或平均分配的办法。低保不仅对贫困的人能起到保障基本生活的作用，而且对相对贫困的人也有相当大的诱惑力，导致争夺激烈。农民群众把低保制度当作摆脱贫困的万能钥匙，认为低保是一种普惠型的社会福利，人人都有权利享受低保，无论什么困难都可以通过低保渠道解决，有人甚至把低保与扶贫、帮困等其他社会救助措施混为一谈。一些县区没有按照家庭收入核定低保对象，保障对象过于分散，存在“保人不保户”的现象；有的存在政策“搭便车”

的现象，把救助制度当作一种工作奖励手段，扭曲了低保制度的“托底”功能。个别地方优亲厚友，搞人情保、关系保，在社会上造成了不良影响。

以上困境产生有两方面原因：一方面，制度本身不健全；另一方面，制度实施过程中由于工作不精细、机制不全导致了一系列矛盾和问题。解决的根本途径只能是完善制度，规范管理，狠抓落实，强化能力建设。

（三）组织管理不规范

（1）基层在开展农牧区低保对象确定、识别工作中没有严格执行民政部门规定的排序法等有效措施，存在选贫组织不健全、选贫程序不规范、工作随意性大等问题，导致对象确定不准确。其问题突出表现在：第一，选贫领导小组人员构成上不具备群众基础。比如，尖扎县麦什扎村因为本村内部存在矛盾，人为分化成三个派系，每一个派系有自己的选贫机构，其选贫小组成员多为代表本派利益的青年干部和村民组成，导致选贫机构沦为派系代言人，其选贫结果没有民意基础。第二，选贫程序不规范。在选贫工作中，存在轮流坐庄、抓阄等违规确定低保对象的方式，且没有履行应有的公开、公示程序或公开、公示流于形式，群众意见很大，严重违背了农牧区低保对象识别工作公平、公正、透明的原则。第三，乡镇监管、审核职能发挥不到位。在调研中发现，部分乡镇对本乡镇区域内的农牧区低保违规问题不知情，对各村上报的低保对象审核不严格，对违规问题处理不及时，措施不力，从客观上导致部分违规问题长期得不到整改。第四，宣传工作不到位。由于对农牧区低保政策宣传工作存在死角，使部分干部、群众错误地领会和执行政策，出现违规问题。比如，尖扎县马克塘村由于原低保对象确定不准确，群众意见较大，于是采取轮流享受低保待遇的问题；极个别村甚至认为国家的低保政策是祸害本村内部团结的“毒药”和“祸水”，反映出无论干部，还是村民对低保政策的无知和曲解。

（2）基层存在回收、挪用农牧区低保资金问题，导致低保户权益受到损害。在同仁、尖扎两县的调研中，发现部分村社存在挪用低保资金的问题，有的违规回收用于兴建玛尼康（念经堂，藏语叫玛尼康）、偿还村集体债务和支付其他费用的严重违规问题；有的采取低保金平均发放，甚至有的村确定的仅仅是名义上的低保户，并没有享受低保资金的待遇，只是每年象征性地发给一点粮、钱。在这些“问题村”中，低保证、信用社存折大多没有按规定发放到低保户手中，而是集中由个别村干部统一保管和领取。

（3）最低生活保障对象收入调查缺乏一整套科学、有效、便捷的操作办法，亟待改进。农牧区低保工作的主要工作在基层，目前各县、乡镇均没有农牧区低保工作专职人员，多数乡镇只有一名民政干事，个别乡镇只有兼职民政干事，难以应付日益繁重的业务量，基层工作机构、人员、经费与低保工作量不相适应。此外，随着乡镇行政区划调整力度的不断加大，乡镇的管理范围、服务半径随之扩大，工作量也相应加大。同时，各县、乡镇均没有专门的工作经费，导致工作运转十分困难。个别地方存在着保障重点不突出、对象不准确的情况。比如，我们在黄南州河南县某镇调研低保工作过程中，发现该镇存在随意发放的问题，将特殊困难救助发放给一些明显不符合分类救助条件的对象，还有个别乡镇确定的低保对象收入明显超标，不少低保家庭中仅采挖虫草一项就超出750元的标准，属于对象确定不准确。另外还存在服务工作不到位的情况，低保对象中不少困难群众由于身体、文化等原因，到信用社领取保障金、购买基本生活用品等存在一定困难，但是个别乡镇、村和信用社并没有为他们提供周到的服务，使他们无法享受快捷、安全、便利的低保服务。

（四）基层民政部门管理人员素质不高、工作人员偏少

民政工作内容丰富，涉及面广，服务领域涵盖城乡，尤以乡镇基层民政干部工作更为艰巨、繁重。然而目前青海藏区基层存在只增加业务量而没有解决编制和工作经费的问题，严重制约了各项工作的开展。另外，各县基本上都是民政局、扶贫办、残联“3块牌子一套人马”，编制仅为5 ~ 7人。基层民政干部常年超负荷工作，有些工作无法做深做细。目前，多数乡镇民政实行的是乡镇政府和县级民政机关双重领导体制，而现在多数乡镇民政机构只安排一名工作人员，既要管民政工作，而且还要兼管其他很多工作。农村最低生活保障制度是一项新增加的工作，是由民政部门主管并负责实施的，民政部门要对本地区保障对象进行审核、调查、登记，也要从事保障金的管理和发放等大量日常工作，涉及的业务操作流程较多，情况复杂，从调查摸底到审批发放，都需要有一支素质较高的工作队伍和必要的工作经费支持。民政部门最大的困惑就是工作力量不足，工作人员少，任务大，工作经费缺乏，这些严重影响了农村低保工作的开展，致使核定低保家庭隐性收入较困难、

低保资金发放形式与低保对象需求存在缺口等问题较为突出。课题组曾赴青海藏区海南州共和县民政局调研，了解到共和县民政局有 13 名正式职工，只有 1 人从事低保工作（另聘 7 名兼职配合工作），乡镇没有专职的民政干部从事低保工作。目前，青海省对基层民政干部培训的具体做法是：各州、县民政干部到省民政厅接受培训，每年一次，每次 3 ~ 7 天；村、乡、镇民政干部到县民政局接受培训。基层民政干部认为，最基层的工作人员是最具体的业务操作者，最需要接受更高层次的专业培训，在基层接受培训达不到好的效果。

（五）最低生活保障配套措施不到位

青海藏区贫困人口的温饱问题目前已经基本得到了解决，而且困难群众的生活状况相对有所改善。但是，藏区农牧民仍然面临着很多的困难，例如农牧民的子女上学难、农牧民群众就医难、住房难、养老难以及法律援助难等问题依然严重影响着农牧民的生活，这说明了藏区农村低保的配套措施没有做到位。根据对青海藏区各州、县家庭需要救助项目的调查得知，农牧民低保家庭需救助项目依次为就医（69.64%）、就业（51.78%）、取暖（48.21%）、住房（46.43%）、就学（33.93%）、交通（25%）以及意外灾害（10.71%）。这说明完善医疗设施和为农牧民提供就业信息是青海藏区农（牧）区急需解决的问题，相对一般农牧民家庭而言，农牧民低保户的住房状况与取暖情况并不是很理想，藏区需要进一步完善低保制度的各项配套措施，尤其是藏区农牧民的医疗救助体系和教育救助体系。

四、完善青海藏区农牧区低保制度的建议

（一）做好“制度统一，标准有别”的最低生活保障制度改革

正确认识藏区农（牧）区的贫困问题，实事求是，从藏区农（牧）区实际情况出发，加大最低生活保障力度，逐步做到“应保尽保”。简化低保申请程序，方便少数民族群众理解。由于长期存在的城乡差距，不能将客观条件过于理想化，要坚持低保标准与青海经济发展水平相适应。因此，统筹青海城乡最低生活保障建设，应逐步走向“制度统一，标准有别”。要建立弹性的社会保障管理机构，实现城乡社会保障的统一管理。同时，要实行科学

分工，即将管理、执行、监督机构分开，使之相互独立、相互联系、相互制约。为此，可成立如下两个机构：①社会保障管理委员会。应将涉及社会保障的民政、劳保、卫生等部门整合至这一委员会中，负责全省社会保障事业的宏观管理和具体动作。②社会保障监督委员会。该机构的职能是对社会保障有关法规、政策、制度的执行情况和基金的收支、运营等工作进行监督检查。为确保监督的有效性，社会保障监督委员会与社会保障管理委员会应是平等的机构，隶属于政府或人大。

（二）科学地确定最低生活保障对象和家庭收入

青海藏区农（牧）区最低生活保障涉及面广，贫困人口多，农牧民居住分散，流动性大，家庭收入来源复杂且变动较大，藏区农（牧）区最低生活保障对象的界定非常困难。因此在确定藏区农（牧）区最低生活保障对象时，要以青海藏区农（牧）区最低生活保障线为衡量标准，通过全面调查，在准确掌握困难农牧民家庭的人员构成、收支状况、致贫原因等情况的基础上，结合最低生活保障线的标准确定。能够享受最低生活保障待遇的，只能是那些生活水平低于或等于国家公布的最低生活水平的农牧民，一般是以家庭人均年收入指标为标准来界定最低生活保障的对象。

有如下情况的，可以申领最低生活保障金：第一，家庭成员都没有劳动能力或已基本丧失劳动能力的无劳动能力家庭，如没有生活来源、没有依靠的老年人、残疾人、未成年人等；第二，因灾害、疾病及残疾导致贫困的家庭；第三，由于突发性自然灾害造成生活一时困难或是在农产品市场竞争中因生产经营不善而陷入困境的农牧民；第四，有一定的收入来源，但是生活水平仍低于或等于国家规定的最低生活水平标准的农牧民。

要改进低保对象的申请受理与评定：第一，由街道办事处、乡镇人民政府直接受理低保申请。藏区交通不便，农牧民居住分散的地区，要通过委托村干部每年定期进村入户调查；第二，入户调查应保存原始资料，资料入档，以备县级民政部门审核、审批时查验；第三，民主评议要规范、简便，讲求实效；第四，张榜公示应限定范围和时间，公示的内容应仅限于拟批准享受低保的户主姓名、家庭人口数及享受金额，应注意保护其家庭特别是儿童的隐私。

通过制定科学量化的方法，严格居民家庭收入的调查和计算，由相关部门、各乡镇和村（牧、居）委会组织专人负责收集每个家庭的人口、贫困原因、劳动力状况、文化水平、住房情况等基本信息，进行逐一梳理分类并登记造册，建立低保边缘人群数据库。如此，以便及时、准确、动态地了解掌握各类困难群众的基本信息，形成一个能够反映贫困现状的监测网络，完善帮扶“预警”机制，为有针对性地做好各类贫困人群的社会救助工作提供基本依据和技术保障。同时，要求建立家庭经济状况核对机制，拟享受低保人员首先申报经济状况，然后结合邻里调查、家庭财产调查进行核对，提高低保人员认定的准确率。

根据牧区农牧民的收入来源，可以考虑核算家庭收入时，根据人均草山面积、牲畜头数、牲畜价格等核算。青海藏区具有特殊的自然环境和地理条件，如果完全按照核算农牧民家庭收入的包括内容进行核算，其结果是规定的内容没有，公式中没有包括的内容实际上存在，但没有包括进去。青海藏区大部分是纯牧区，没有粮食作物的收入，主要是靠草山发展畜牧业，即使有的草山不能发展畜牧业，但可以采挖虫草，于是根据人均草山面积、牲畜头数、牲畜价格、采挖虫草和价格核算家庭收入更能准确反映农牧民的家庭收入。

（三）加强青海藏区农（牧）区最低生活保障工作团队建设

最低生活保障工作人员所面对的对象都是弱势群体、困难群众，所以对低保工作人员的要求较高，既要细心，又要有耐心，且大量工作要在基层进行。要加强最低生活保障工作团队建设，首先，要适当增加基层最低生活保障工作人员的编制，缓解人员紧缺的现状，并坚持以人为本的理念，多关心基层工作者的生活状况，给予在艰苦条件下辛勤工作的最低生活保障工作人员适当的生活补贴。其次，要改善基层工作人员的办公条件和工作环境，提供良好的交通工具。再次，加大对基层最低生活保障工作人员的培训，提高文化水平和业务素质，真正建设一支高水平、有效率的工作团队，为青海藏区最低生活保障工作的开展提供人力支撑。最后，要加强基层工作人员经办能力的建设，因为经办能力对于这项工作的健康发展至关重要。为了推动经办能力的建设，制定低保工作绩效评价办法，将低保各项工作分解成若干个指标体系，制定了考核办法和考核的流程，考核结果与向各地下拨救助经费挂钩，进一步督促基层经办能力的建设。采取有效措施，出台低保人员和经费配备办法，与低保工作量、保障对象的人数挂钩。

（四）将最低生活保障政策与扶贫开发有效衔接

青海藏区农（牧）区最低生活保障标准低、覆盖面窄，这就决定了还有一部分低收入农牧民需要通过扶贫开发逐渐走上致富之路。虽然低保可以使贫困农牧民家庭的基本生活得到保障，但那些有劳动能力的贫困农牧民，不会也不应当满足于长期吃低保。政府有责任通过扶贫开发，帮助他们发展经济、增加收入。除此之外，加大对藏区州县公共卫生建设项目的投入，完善新型农村合作医疗制度，建立和完善城乡疾病预防控制体系和医疗救治体系，重点支持县级医院救治、农牧区卫生人员培训及管理等能力建设，建立健全农牧区村级卫生室运转保障机制，缓解农牧民群众“看病难、看病贵”的问题。

（五）对最低生活保障边缘户实施临时性社会救助

构建和谐社会，就必须使低保边缘群体的生存状况得到关注和有效的保障，只有协调好不同群体的利益关系，解决不同层面困难群众多方面的特殊困难，才能逐步建立规范的农村社会保障体系，才能推进社会主义和谐社会的顺利进行。因此，在加大对低保对象扶持力度的同时，也应该从巩固低保工作成果、保障社会稳定的战略高度出发，重视对低保边缘人群的帮扶，努力在低保线之上为他们再构筑一道新的防线，使社会保障工作更加具有主动性和积极性。

针对这部分人群，建立临时性的社会救助：第一，合理确定救助的范围和标准。关于救助的范围，一是因为家庭有重病人、孩子上学支出的数额较大，使其陷入贫困，我们俗称“支出型贫困”；二是因为火灾、交通等意外事故导致家庭出现的暂时性、阶段性的贫困，我们称为“急难型贫困”，同时还有其他一些原因导致家庭陷入贫困的。当然，救助的标准也非常重要，因为既然是临时性的、一次性的救助，救助的标准要与当地经济发展水平相适应，努力解决其基本生活困难。第二，严格审批管理。临时救助带有托底线、救急难的特点，有时遇到特殊情况，应该简化救助的审批程序，甚至后置审批，这样给基层的民政部门、乡镇街道经办人员带来了一定的自由裁量权。因此，必须要严格管理，防止权力的滥用，从这项制度建立伊始，就应该把他们的权力放在严格的监督制约之下，保证不发生违法违规和权力滥用的问题。第三，筹措好保障经费。建立临时救助制度，必须有经费作支撑，要会同有关部门指导各地工作，将临时救助的经费纳入到财政预算，争取中央财政对地方财政困难的地区给予补助。

五、小结

综上所述，青海藏区农牧区最低生活保障制度自 2007 年实施以来，制度运行状况基本良好，也取得了一定的成效。尽管青海藏区农牧区最低生活保障制度的前身（特困救助）实施的较早，在此基础上有经验可循，但仍然存在制度不规范、低保对象和低保家庭收入核算确定困难、基层民政部门人员紧缺且部分管理人员素质不高、组织管理不规范、低保配套措施不到位等问题。针对青海藏区农牧区最低生活保障制度存在的问题，应逐步完善政策制度，就目前的现实条件对城乡制定“制度统一，标准有别”的低保政策；科学确定低保对象和家庭收入；加强青海藏区农（牧）区低保工作团队建设；将低保政策与扶贫开发有效衔接，完善其他的救济形式；对低保边缘户实施临时性社会救助等措施。

第四章　青海藏区农（牧）区最低生活保障标准分析①

最低生活保障制度的核心是按标施保，这里的标就是最低生活保障标准，是国家为救济社会成员收入难以维持其基本生活需求的人口所制定的一种社会救济标准。农牧区最低生活保障标准是界定农牧民是否属于保障对象的依据，低保制度的具体规定和工作程序，都是围绕低保制度展开的，没有标准，低保救助就缺乏量化依据，救助对象就没有甄别尺度，低保救助所需资金和救助人数就无法准确测算。因此，科学、准确、合理地制定青海藏区农（牧）区低保标准是低保规范管理的重要内容，对于藏区低保制度的有效运行具有重要意义。

一、确定最低生活保障标准的理论依据

农牧区最低生活保障制度是社会救助体系的网底，以保障农牧区困难群众最低生活为基本目标。根据 2007 年国务院《关于在全国建立农村最低生活保障制度的通知》（国发〔2007〕19 号）中规定："农村最低生活保障标准由县级以上地方人民政府按照能够维持当地农村居民全年基本生活所必需的吃饭、穿衣、用水、用电等费用确定。"② 农牧民其他方面的困难，国家通过建立各专项救助制度，逐步建立完善社会救助体系予以解决，最低生活保障标准就是解决农牧民最低生活所需的衣、食和基本生活必需费用。

（一）最低生活保障标准制定的原则

1. 坚持满足必需原则

实施农村低保的目的是在一定程度上解决农村贫困人口的吃饭、穿衣等基本生存的需要，保证基本的生存条件，以使其在社会生活中能够抵御一定的生存风险。综观中央和各地关于低保政策的规定，对这一重要原则均有体现。国务院在《关于在全国建立农村最低生活保障制度的通知》（国发〔2007〕19 号）中规定："农村最低生活保障标准由县级以上地方人民政府按照能够

① 本章部分内容已发表在 2013 年第 4 期《地方财政研究》上，题目为《青海藏区农牧区最低生活保障标准研究》。

② 国务院关于在全国建立农村最低生活保障制度的通知［Z］. 国发［2007］19 号.

维持当地农村居民全年基本生活所必需的吃饭、穿衣、用水、用电等费用确定，并报上一级地方人民政府备案后公布执行。”在此基础上，各地如甘肃、浙江、贵州、北京、重庆、山东等省、市、自治区都做了如下规定：“农村居民低保标准由各市、州主要是县按照维持当地农村居民衣、食、住等基本生活需要，并适当考虑水电、燃煤（柴）和未成年人的义务教育费用及地方财政的承受能力，经本级人民政府批准并报省人民政府核准备案后执行，同时向社会公布。”①

2. 依据因地制宜原则

我国地域辽阔，各地经济发展水平、农民收入水平以及物价水平等方面有较大差异，不可能在全国、全省范围内制定统一的低保标准。在相关政策规定中，中央和大部分地区均强调确定农村低保标准要结合各地的实际情况。例如，财政部、民政部在《关于加强农村最低生活保障资金使用管理有关问题的通知》（财社〔2007〕106 号）中规定：“各地要遵循与当地经济社会发展水平和财力状况相适应，与其他农村社会救助等生活性补助政策相衔接的原则确定农村低保标准。”②西藏、贵州、北京、重庆、山东等省、市、区关于低保标准制定的要求大体可概括为四点：一是要与当地经济社会发展水平相适应；二是要与各地财力状况相适应；三是要与其他农村社会救助政策相衔接；四是要由区、县级政府自行确定。其中讲的“当地”“自行确定”，实际上就是讲要因地制宜。③而因地制宜是造成各地低保标准起始点差异和低保户生活水平差异的重要原因之一。

3. 遵照适时调整原则

由于实施农村低保的目的是保障农村居民基本生活的，而农村居民基本生活水平是处于不断变化之中的。因此，农村低保标准的适时调整成为自然而然的事情。中央和各级政府对此都有相关规定，例如，国务院在《关于在全国建立农村最低生活保障制度的通知》（国发〔2007〕19 号）中规定，“农村最低生活保障标准要随着当地生活必需品价格变化和人民生活水平提高适时进行调整。”甘肃省人民政府在《甘肃省农村居民最低生活保障制度试行

---

① 柳拯 . 中国农村最低生活保障制度政策过程与实施效果研究［M］. 北京：中国社会出版社 .2009.

② 财政部，民政部 . 关于加强农村最低生活保障资金使用管理有关问题的通知［Z］. 财社〔2007〕106 号 .

③ 民政部社会救助司. 2009 年度农村居民最低生活保障制度文件资料汇编（内部资料）. 2010.

办法》（甘政发〔2006〕95号）中规定，保障标准应“随当地经济社会发展、财政收入增长、人民生活水平和物价指数的变化，适时进行调整”。西藏自治区人民政府在《西藏自治区农村居民最低生活保障实施办法（试行）》（藏政发〔2007〕55号）中规定：“自治区人民政府民政部门应当及时会同财政、统计、物价等部门提出调整我区农村居民最低生活保障标准的方案，报自治区人民政府批准后公布执行。”

综合以上内容可以看出：第一，保障标准的制定，需要综合考虑当地农民人均纯收入、农村人均生活消费水平、生活消费品价格上涨指数、当地物价水平和消费指数、当地财力状况等多种因素，仅从一个或某几个方面考虑是不科学的。第二，由于农村低保标准是农村低保制度的重要组成部分，它的制定必须合理可行，决不能由某一个人或某一个部门随意制定一个简单的数字，而需要基层民政部门会同当地财政、农业、统计、物价等部门协商后制定。第三，低保标准的制定要有利于保障困难群众的基本生活权益，有利于调动生产积极性和克服依赖思想，有利于促进有劳动能力的低保对象就业。

青海省政府规定，科学、合理地制定青海藏区农牧区低保标准，必须坚持四项基本原则：一是科学性，以维持当地农牧民基本生活所必需的消费品支出数据为基础，科学推算、充分论证。二是合理性，统筹考虑困难群众基本生活保障需要、当地经济社会发展水平和财力状况，使低保标准与扶贫开发政策标准合理衔接。三是动态性，建立和完善低保标准与物价上涨挂钩的联动机制，并随着当地居民生活必需品价格变化和人民生活水平的提高定期调整低保标准。四是规范性，制定和调整低保标准要严格遵循有关政策规定和程序规范，确保公开、公正和透明。

（二）最低生活保障标准确定的方法

在长期研究过程中，国外学者提出了很多种测算最低生活保障标准的方法：市场菜篮法、生活形态法、恩格尔系数法、马丁法等。

1. 市场菜篮法

市场菜篮法又称为预算法，它最早是由英国社会学家B.S·朗特里提出的，是一种比较传统的计算贫困线的方法。

它的基本假设是：人只要生存就必须拥有一定数量的生活资源，要想获得这些资源就必须支付一定的费用。在当今社会，政府与社会必须为这笔费用买单，这笔费用就相当于贫困线。

它的主要做法是：政府主管部门利用居民家庭生活调查出的各种资料，列出一张维持当地基本生活所必需物品的清单。清单的内容要包括维持社会所公认的最基本生活水平的必需品的种类和数量，而后按照市场价格来计算购买这些生活必需品需要多少现金，最后用计算出的现金金额再加上其他一些必要支出就是贫困线。

2. 生活形态法

该方法历史也很长，它最早是由英国社会学家彼德·汤森提出的，也是一种比较传统的计算贫困线的方法。

它的基本假设是：只要人们能够拥有维持基本生活所必需的资源，则他们都希望能够以社会所公认的生活形态生活。我们把维持这种基本生活所必需的资源用金额表现出来就是贫困线。

它的主要做法是：从理论和实际上确定一个被社会所公认的基本生活形态。理论上，可以通过咨询有关专家和学者的意见来确定；实际上，一般需要进行科学的社会抽样调查。

3. 恩格尔系数法

该方法最早是由德国人恩格尔提出的，它是国际上观察和测量贫困的一种比较常用的方法。

它的基本假设是：当人们的食物消费支出达到一定水平后会保持相对稳定的状态，不会再随着收入或支出的增加而增加。因此，当人们的收入或者支出增加时，食物消费支出占全部支出的比例必然会有所下降。我们把人们食物消费支出占其全部支出的比例叫作恩格尔系数。具体来说，恩格尔系数上升，表明人们生活水平下降；恩格尔系数下降，表明生活水平提高。一般来说，个人或家庭的恩格尔系数在 30% 以下为最富裕，在 30% ～ 39% 为比较富裕，在 40% ～ 49% 为小康水平，在 50% ～ 59% 为达到温饱水平，而超过 59% 就表明此人或家庭处于绝对贫困状态。

它的主要做法是：用食品消费支出除以低收入家庭的恩格尔系数来求出所需的消费支出（即贫困线）。使用恩格尔系数法测算贫困的关键在于如何确定食物支出。在测算时若仅以贫困家庭的食物消费支出作为确定依据，就欠缺科学。显而易见，贫困家庭食物消费支出本身就存在不合理性，其食物消费支出是在收入太低的状况下不得已而做出的一种无奈选择。

4. 马丁法

马丁法是美国经济学家马丁在借鉴过去研究方法的基础上对一些有影响力的方法进行提炼而得的一个比较理想的确定贫困线的方法。

它的主要做法是：在计算出食物贫困线的基础上，利用回归方程的分析方法，把一些刚好能够达到营养最低需要的有代表性的居民最低非食品支出计算出来，并用货币表示出来即为贫困线。

这些方法对制定最低生活保障标准有参考作用。我国在借鉴国外方法的基础上，根据自身的特点，不同地区大致采取以下四种方法：一是直接采用国外比较科学的某种方法。通过科学的抽样调查方式，再结合本地财力确定标准。上海市、北京市以“市场菜篮子法”确定，福州市用“恩格尔系数法”确定等。二是参照式。参照发展水平与本地区相似的地区保障标准，再结合本地财力确定标准。相当一部分地区都采用这种方式，保障水平相对偏低。三是相关衔接式。有些地方根据居民生活保障相关制度衔接的原则，选择最低工资标准的一定比例确定标准，福建省某市曾经以最低工资标准的 50% 确定。四是财力完全决定方式。完全依据本地财政能力确定标准，部分经济落后地区采用这种方式，保障水平偏低。除第一种方式外，其他三种方式或多或少的带有地方政府随意确定保障标准的现象，测定方法有欠科学。

二、青海藏区农（牧）区最低生活保障标准的实践

青海藏区农（牧）区最低生活保障标准的确定可借鉴上述方法进行测算，但要充分考虑青海省的实际，结合青海省经济发展状况、目前居民生活水平和生活习惯具体情况具体分析。

（一）青海藏区农（牧）区最低生活保障标准的理论测算

2011 年，青海省民政厅会同青海省统计局曾对青海藏区农（牧）区最低生活保障标准进行过测算，一是运用标准食物支出法计算必需食品消费支出；二是参考青海藏区低收入居民消费支出计算低保标准。

1. 运用标准食物支出法计算必需食品消费支出

具体计算方法是，根据国家统计局青海省调查总队提供的当地居民基本生活费用支出确定，其费用支出包括必需食品消费支出和非食品类生活必需

品支出两部分。用公式表示为：

青海藏区农牧区低保标准＝必需食品消费支出＋非食品类生活必需品支出

运用这一公式计算低保标准，可以有两个不同的口径：以中国居民膳食量计算食物支出量和以青海藏区农牧民膳食量计算食物支出量。分别计算如下：

（1）以中国居民膳食量及食物品种计算食物支出量

根据2011年民政部《关于进一步规范城乡居民最低生活保障标准制定和调整工作的指导意见》（民发〔2011〕80号），[①]以中国营养学会推荐的能量摄入量、相应食物摄入量以及食物的市场价格计算办法，考虑到青海藏区属高海拔地区，能量消耗较大，低保家庭人员能量消耗以男性轻体力活动所需能量2400千卡计算。必需食品消费支出通过市场调查确定当地食品必需品消费清单（即标准食物清单），食品价格采用国家统计局青海省调查总队提供的2011年1—4月份的平均价格，计算过程如下：

以中国营养学会推荐的每人每日能量摄入量、食物摄入量标准及食品消费结构计算出青海藏区农牧民低保对象每月仅食物支出就需514元，每年需6168元，是2010年青海省农村居民平均食品支出的4.04倍（2010青海省农村居民平均食品支出1526.9元），是2010年青海省农村居民平均消费支出的1.6倍（2010年农村居民平均消费支出3858.5元）。如果加上非食品类生活必需品支出数据更大。

表4–1　按每日2400千卡计算的青海藏区农牧区居民必需食品消费支出计算表

能量类别	单价（元/千克）	每日消费量（克）	每日费用（元）	每月费用（元）	每年费用（元）
谷类	3.6	350	1.26	37.8	453.6
大豆类	14.82	40	0.59	17.7	212.4
蔬菜	5.77	450	2.6	78	936
水果	9.6	400	3.84	115. 2	1382.4
肉类	32.4	75	2.43	72.9	874.8
乳类	7.77	300	2.33	69.9	838.8
蛋类	8.95	50	0.45	13.5	162
水产品	42.54	75	3.19	95.7	1148.4

① 民政部关于进一步规范城乡居民最低生活保障标准制定和调整工作的指导意见［Z］．民发〔2011〕80号．

（续表）

能量类别	单价（元 / 千克）	每日消费量（克）	每日费用（元）	每月费用（元）	每年费用（元）
烹调油	14.24	30	0.43	12.9	154.8
食盐	2	6	0.012	0.36	4.32
合计	—	—	17.13	514	6168

资料来源：根据 2011 年国家统计局青海省调查总队相关统计数据整理

（2）以青海藏区农牧民生活水平和生活习惯计算食物支出量

根据青海藏区农牧民生活水平和生活习惯，在保证能量摄入的基础上，对食品结构进行调整（取消水产品、减少水果、乳类，增加谷类消耗），同时降低能量摄入量，以每天 2200 千卡（民政部标准）计算。

表 4-2　食品结构调整后按每日 2200 千卡计算的青海藏区农（牧）区居民必需食品消费支出计算表

能量类别	单价（元 / 千克）	每日消费量（克）	每日费用（元）	每月费用（元）	每年费用（元）
谷类	3．6	400	1.44	43.2	518.4
大豆类	14.82	40	0.59	17.7	212.4
蔬菜	5.77	450	2.6	78	936
水果	9.6	100	0.96	28.8	345.6
肉类	32.4	75	2.43	72.9	874.8
乳类	7.77	250	1.94	58.2	698.4
蛋类	8.95	50	0.45	13.5	162
烹调油	14.24	30	0.43	12.9	154.8
食盐	2	6	0.012	0.36	4.32
合计	—	—	10.85	325.5	3906

资料来源：根据 2011 年国家统计局青海省调查总队相关统计数据整理

从计算结果来看，考虑到青海藏区农牧民的生活水平和生活习惯，每月食物消耗所需费用至少要在 325.5 元以上，每年需 3906 元以上，比青海农村居民的平均食品消费支出（2010 年青海省农村居民平均食品支出为 1526.9 元）高出 2380 元 / 年。仅食品支出就超过了青海农村居民平均消费支出，占 2010 年青海农村居民平均消费支出（2010 年农村居民平均消费支出 3858.5 元）的 101.23 %。

2. 参考青海藏区低收入居民消费支出确定低保标准

青海藏区农牧区低保标准中食物支出的测算，还可参考青海省经济社会的发展水平、人均消费支出的情况。根据《青海统计年鉴》（2011 年）统计数据，2010 年，青海省农村居民家庭平均生活性消费支出为 3858.5 元，其中生活必需品支出情况如表 4–3 所示。

表 4–3　2010 年青海省农村消费支出结构分析表

	食品	衣着	家庭设备用品服务	交通通讯	杂项商品	合计
全省平均（元）	1526.9	255.2	193.6	369.6	62.6	2407.9
占平均消费支出比重（%）	39.6	6.61	5.02	9.58	1.62	62.41
农村贫困户（元）	1219.98	171.07	146.65	220.85	45.69	1804.24
占平均消费支出比重（%）	31.62	4.43	3.80	5.72	1.18	46.7

注：农村贫困户数据来自统计部门对 2010 年贫困县的抽样调查

从表 4–3 可以看出，农村居民生活必需品消费支出占青海省居民平均消费支出的比重为 62.41%，农村贫困户生活必需品消费支出占青海省居民平均消费支出的比重为 46.7%，两者差别不大，只相差 15.71%。农牧民用于食品支出普遍较低，普通农牧民月人均 127 元（1526.9 ÷ 12=127 元），农村贫困户月人均只有 101.67 元（1219.98 ÷ 12=101.67 元）。如果农村低保标准中食品支出和生活必需品支出以农村贫困户生活必需消费支出为参考，农牧民低保标准应在 1804 元 / 年的水平上，占农村居民平均生活消费支出的 46.7%。

（二）实际青海藏区农（牧）区最低生活保障标准的确定

以上是应用各种方法对青海藏区农（牧）区最低生活保障标准进行理论测算，实际目前青海藏区农（牧）区最低生活保障标准是参考青海经济发展状况、物价变动水平和财力状况，由青海省民政厅负责确定，并没有完全采用上述的理论方法中的某一种具体计算确定。青海省农村低保制度自 2007 年开始执行，全省平均低保标准从 2007 年的 844 元 / 年，先后提高过 4 次标准，目前达到 1384 元 / 年，平均每年增长 16.18%。

表 4-4　2007—2011 年青海省农村低保标准变化表　　单位：元 / 年

年份	2007 年 1 月	2007 年 9 月	2009 年	2010 年	2011 年
西宁市、海东地区	650	785	1205	1145	1325
海南州、海北州、海西州	700	900	1140	1260	1440
玉树州、果洛州、黄南州	750	960	1200	1320	1500

资料来源：根据青海省民政厅历年农村低保统计资料整理

从上述对比中不难看出，就全省而言，青海藏区农（牧）区的最低生活保障标准略高于全省平均标准，具有其相对的合理性（海南州、海北州、海西州、玉树州、果洛州、黄南州六州藏区海拔高、生存环境恶劣，生活成本高）。但与测算的标准相比，实际标准远远低于测算标准，就拿最高的2011年玉树州、果洛州、黄南州的 1500 元 / 年与之相比，与以中国居民膳食量及食物品种计算的食物支出量 6168 元 / 年相差 4668 元；与以青海藏区农牧民生活水平和生活习惯计算的食物支出量 3906 元 / 年相差 2406 元；与参考青海藏区低收入居民消费支出计算的低保标准 1804 元 / 年相差 304 元。

三、青海藏区农（牧）区最低生活保障标准问题分析

通过以上青海藏区农（牧）区最低生活保障标准的理论测算和实际比较可以看出，运用理论的测算方法确定青海藏区农（牧）区最低生活保障标准目前还不可行，但目前的低保标准主要以财力确定也存在不足，具体表现在以下几方面：

（一）青海藏区农（牧）区最低生活保障标准确定的不规范

青海藏区低保标准是由政府制定，必须与经济社会发展相适应，以维持农牧民的基本生存需求。实际执行过程中，没有充分考虑藏区农牧民上一年的人均纯收入，所以没有激发农牧民的生产工作积极性，甚至出现了“养懒汉”的现象。本文为了验证低保标准确定与人均纯收入的关系，使用 Eviews5.0 软件，对藏区 2007 年至 2011 年藏区的截面数据进行回归分析，进一步说明应该按人均纯收入情况来确定低保对象和补助档次。

回归的基本模型：

$$y_t = \beta_{ti} + \beta_1 \text{GDP}_{(t-1)i} + \beta_2 \text{CZZC}_{(t-1)i} + \beta_3 \text{CZSR}_{(t-1)i} + \beta_4 \text{RJSR}_{(t-1)i} + u_i \quad (1)$$

模型中 yt 为藏区最低生活保障标准；β 是常数项，代表模型中的直接变化截距；GDP 为藏区人均生产总值；CZZC 为藏区人均财政支出；CZSR 为藏区人均财政收入；RJSR 为藏区农牧民人均纯收入，各变量的下标 t 代表年份，i 代表第 i 个州，u_i 为随机干扰项。

数据来源：根据 2007 年至 2012 年的《青海统计年鉴》以及青海省民政厅资料整理而得。对模型（1）进行多重共线性检验，可以判断其存在多重共线性，故采用逐步回归的办法进行处理，得出影响低保标准的最主要的因素是上一年的农牧民人均纯收入，得出以下模型：

$$y_t = \beta_{ti} + \beta_1 \text{RJSR}_{(t-1)i} + u_i \quad (2)$$

回归结果为表 4–5：

表 4–5 青海藏区六个州县面板数据回归结果分析

	2007–2012 年面板数据	2011 年截面数据	2012 年截面数据
C	69.5648（7.2659）	62.6589（4.1256）	65.3215（4.2644）
$\text{RJSR}_{(t-1)i}$	0.1765（2.3324）*	1.6451（4.2684）**	0.9671（2.6587）*
Adj.R^2	0.9321	0.9572	0.9083
D.W.	1.6212	1.3948	1.7505

注：括号内 t 是统计量，符号 * 表示在 1% 的水平下显著，** 表示在 5% 的水平下显著

其中 C 是回归方程中的常数项 β_{ti}；$\text{RJSR}_{(t-1)i}$ 是上一年度的人均收入，调整的可决系数是 Adj.R^2，回归结果显示 Adj.R^2 接近 1，说明模型方程拟合度好，也由此说明藏区农村低保标准与前一年的藏区农牧民的收入存在相关关系，当人均纯收入变化 100 个单位时，低保标准相应增加 17.65 单位。但是，目前青海藏区在制定低保标准时并没有考虑农牧民的人均纯收入，因此说明低保标准制定欠规范。

（二）用营养学会推荐的居民膳食标准计算低保标准不符合青海藏区的实际

目前，青海经济社会发展还不够发达，人民生活水平普遍偏低，用营养学会推荐的居民膳食标准计算出的食物支出高于青海省平均食品消费支出，

没有能力达到科学的饮食结构，即使考虑到青海藏区农牧民的饮食习惯标准有所降低，与目前的青海经济发展相比仍然是可望而不可即的。用营养学会推荐的参量标准计算低保标准中的食物支出量，应该是今后低保从保最低生活到保基本生活发展的目标，当经济社会发展到一定程度，农牧民生活水平普遍提高并达到一定水平后，使用标准食物支出法计算低保标准是最为科学的，但目前使用还不符合当前青海经济社会的发展水平和青海藏区的实际。

（三）青海藏区最低生活保障标准的确定欠科学，且标准普遍较低

目前，青海藏区最低生活保障标准的确定参考青海经济发展状况、物价变动水平和财力状况确定，并没有采用科学的理论方法具体计算，即使调整也是根据财政拨款的多少考虑到现有享受低保的人数匡算而来，至于低保标准，普遍较低。2011 年，中央决定将农民人均纯收入 2300 元作为新的国家扶贫标准，青海藏区也遵照执行。但是，目前的最低生活保障标准仍然还是最高的只有 1500 元（玉树、果洛、黄南），相差 800 元；并且青海藏区的农牧民最低生活保障标准和青海城市居民最低生活保障标准（2011 年青海城市居民最低生活保障标准平均 235 元 / 月，折合成 2820 元 / 年）差距甚远，仅相当于城市低保的 53.19%。藏区的农牧民最低生活保障标准和东部沿海一些省份的农民最低生活保障标准的差距也比较大，最大的差距达到 1139 元 / 年。

（四）青海藏区最低生活保障补差标准的规定差异悬殊

青海藏区绝大部分农牧区从 2007 年才开始着手建立最低生活保障制度，对于最低生活保障标准的规定也有差异。其中一部分地区明确规定了最低生活保障标准，并规定了月补差标准，有的还根据贫困群体的致贫原因将低保对象划分为不同的档次，并按不同标准实行分类定额补助，即孤寡老人、孤儿、身体严重伤残丧失劳动能力的“三无”对象为一类，每人每月定额补差 25 元。家庭主要成员严重伤残或长期重病丧失劳动能力，且家庭负担重的家庭为二类，每人每月定额补差 20 元。其他因生存环境恶劣等造成家庭困难的为三类，每人每月定额补差 15 元。[①] 而一部分地区只规定了最低生活保障标准，没有规定月补差标准，造成政策执行上的随意性和不统一性。

---

① 青海省民政厅社会救助处．青海省低保标准与当地经济社会发展关系及政策建议（内部资料）．2012.

（五）最低生活保障实际补差水平与低保标准倒挂

目前，青海藏区低保实际补差水平与低保标准在部分地区出现了倒挂现象，即补助水平高于低保标准，比如玉树州 2011 年 5 月低保标准是 235 元，但实际补差水平达到 244 元。出现这一现象是由于玉树州农村低保每人每月有 30 元的长期临时物价补贴[①]。这部分临时物价补贴是从 2007 年以来，根据民政部、财政部《关于妥善安排居民最低生活保障家庭有关问题的通知》精神及《国家发展和改革委员会、教育部、民政部、铁道部、农业部、商务部、国家粮食局关于加强价格调控保障市场供应的通知》要求，开始发放并逐步提高的，到 2008 年 7 月达到目前补贴标准，并发放至今。这部分长期补贴的发放一方面造成了低保标准和实际补助的倒挂；另一方面造成实际保障水平不能真实反映的现象，对于纳入的低保对象来说，实际保障水平高于标准。对于未纳入的边缘户来说，可能会有部分享受了低保保障的居民，人均收入高于低保边缘户，造成保障政策有失公平。

四、青海藏区低保标准调整的政策建议

（一）合理制定现阶段低保标准，坚持动态调整原则

根据目前青海经济发展不发达，人民生活水平普遍不高的现状，不易使用中国营养学会推荐的能量摄入量、相应食物摄入量以及食物的市场价格计算低保标准中的食品支出法。建议参考不同收入群体居民生活必需支出相对比较的办法，针对低保政策首先是保最低，其次才是保基本的原则，保障面不宜过高，但必须能够维持居民的最低生活水平。为确保低保对象基本营养需求，农村低保标准中食品支出和生活必需品支出以农村贫困户生活必需消费支出为参考计算较为合理，农牧民低保标准应在 1804 元 / 年水平上。同时，低保标准必须对应经济社会的发展进行动态提高，使贫困者分享经济发展和社会进步所带来的成果。根据《青海省社会救助和保障标准与物价上涨挂钩联动机制》的指导思想，建议每年年初根据上年物价、经济发展、居民生活水平的变化对城乡低保标准的评估报告提交政府审定，以确保城乡低保对象的生活水平与经济发展同步提高。

---

① 青海省民政厅社会救助处．青海省低保标准与当地经济社会发展关系及政策建议（内部资料）．2012.

（二）理顺青海藏区最低生活保障标准与实际补助中长期临补关系

鉴于目前藏区低保实际补差水平与低保标准在部分地区出现了倒挂现象，即补助水平高于低保标准，造成实际保障水平不能真实反映的现象，对于纳入的低保对象来说，实际保障水平高于标准。对于未纳入的边缘户来说，可能会有部分享受了低保保障的居民人均收入高于低保边缘户，造成保障政策有失公平。根据目前物价的走势，为持续更好地保障困难群众的基本生活，不能取消这部分长期物价补贴会降低低保对象的生活水平，但一直按临时物价补贴发放，将不利于规范城乡低保制度。建议将这部分长期物价补贴转化到低保标准中；取消这部分长期物价补贴，相应调整低保标准，农村低保标准调高 30 元 / 月，达到 145 元 / 月，现有低保对象的补差水平不变。

（三）加大分类施保标准

青海藏区分类施保是从 2005 年开始，根据《青海省人民政府办公厅转发省民政厅省财政厅关于对最低生活保障对象中特殊困难人员实施分类施保意见的通知》标准执行，其中“三无对象”每人每月增发 20 元；60 ~ 69 岁的老人每人每月增发 10 元，70 岁以上的老人每人每月增发 20 元；残疾人和长期卧床病人每人每月增发 20 元；单亲家庭成员每人每月增发 10 元。因纳入分类施保的低保对象属特困人员，如低保对象中“三无”人员相当于农村“五保”对象，部分老年人和残疾人还需要有人照顾，针对目前的低保标准和物价情况，原有分类施保标准有些低，不能充分起到重点保障的作用。应建立适当提高分类施保的标准，其中“三无对象”、重度残疾人和长期卧床病人每人每月增发 40元；轻度残疾人、70 岁以上老人每人每月增发 25 元；60 ~ 69 岁的老人、单亲家庭成员，每人每月增发 15 元。

（四）进一步加大中央和省级财政补助力度

从当前情况来看，一个地区财政能力的强弱，决定着这个地区农村低保覆盖范围的大小、补助水平的高低。东部地区由于经济发展水平较高、财政实力较雄厚，因此所需低保资金一般没有问题，即使有的县（市）财力较弱，拿不出这笔钱来，省级财政可以提供资金帮助。但对于地处中西部地区的青海藏区农（牧）区而言，由于历史和自然条件等多种原因，造成农牧区贫困面较大、贫困程度较深，需要低保救助的贫困人口数量较多，而地方财力非常有限，要保持农村最低生活保障制度的长期有效运行，没有中央财政和省级财政的资金注入是根本不行的。因此，要巩固完善农村最低生活保障制度，必须进一步加大中央财政和省级财政的补助力度。

五、小结

通过本部分分析可以看出，关于青海藏区农牧区低保标准，青海省民政厅协同青海省统计局曾进行过科学测算，但目前使用的低保标准并不是经过科学测算的低保标准，而是考虑到青海藏区的物价水平、财力状况确定的分地区的不同标准。我们不禁会问，既然已经测算出科学的低保标准，为什么不用呢？道理很简单，测算出的低保标准远远高于目前实际使用的标准，财政拿不出钱来。无论标准测算多么科学，没有资金作后盾，多么合理的标准都会成为一纸空文。因此，畅通筹资渠道，明确筹资责任，确保资金到位，按时足额发放才是农村低保制度落实的关键，是需要我们进一步研究和解决的重要问题。

第五章　青海藏区农（牧）区最低生活保障资金供求分析

稳定、可靠的资金来源，是实施农牧区最低生活保障制度的重要保障。青海藏区地处高原，自然条件恶劣，经济发展落后，在贯彻落实国家有关最低生活保障制度时面临的棘手问题就是资金短缺。要解决这一问题，首先要弄清楚低保资金的缺口有多大，根据缺口的大小，拓宽资金的来源和渠道，增加获取低保资金的手段和方式，从而为青海藏区农（牧）区最低生活保障制度的顺利实施提供稳定而充足的资金保障。

一、青海藏区农（牧）区最低生活保障资金供给分析

青海省是全国财政最困难的省份之一，2012 年地方一般预算收入只有 186.4 亿元，但对藏区的经济发展以及民生问题非常重视。青海省财政对藏区的转移支付补助由 2006 年的 9.7 亿元增加到 2012 年的 21 亿元，增长 116.49%，年均增长 19.42%。青海藏区总财力由 2006 年的 59 亿元增加到 2012 年的 131.7 亿元，增长 131.7%，年均增长 32.3%。2007 年到 2012 年，用于藏区六州以改善民生为重点的社会建设方面的资金总量达 101 亿元，年均增长 47.3%；各类社会保障支出达 16.56 亿元。其中，社会保障类补助支出为 5.35 亿元，企业职工基本养老保险已广泛覆盖到城镇各类企业单位、个体工商户及自由职业者，优抚和社会福利救济的支出为 11.21 亿元，支持完善社会救助体系，深入推进救灾救济和农村牧区特困群众生活及医疗救助工作，对农牧区居民实施最低生活保障制度，纳入农牧区居民最低生活保障范围的人数达到 39.9 万人，并提高了补助标准，特别是把符合条件的贫困僧人也纳入了低保范围。

（一）青海藏区农（牧）区最低生活保障分类补助标准变化分析

青海省农村低保从 2007 年开始实行，根据青海省政府《关于建立农村牧区居民最低生活保障制度的意见》规定，凡具有青海省农业户口，家庭年人均收入中，西宁市、海东地区低于 650 元的；海南州、海西州、海北州低于 700 元的；玉树州、果洛州、黄南州低于 750 元的农村牧区居民，均可以申请享受农村牧区居民最低生活保障政策。根据青海省藏区农（牧）区居民的收入，

按不同地区进行分类补助（表 5-1）。

表 5-1　2007 年青海藏区农（牧）区最低生活保障补助标准（人均 / 年）

地区	人均纯收入 <400 元的补助金额（元）	人均纯收入 400-499 元的补助金额（元）	人均纯收入 500-599 元的补助金额（元）	人均纯收入 600-649 元的补助金额（元）	人均纯收入 650-699 元的补助金额（元）	人均纯收入 700-749 元的补助金额（元）
海南州	350	300	200	100	50	—
海北州	350	300	200	100	50	—
海西州	350	300	200	100	50	—
黄南州	400	350	250	150	100	50
玉树州	400	350	250	150	100	50
果洛州	400	350	250	150	100	50

数据来源：2007 年《青海统计年鉴》

从表 5-1 的资料可看出，根据地方的不同人均纯收入水平，海南州、海西州、海北州的低保补助标准在一个水平线上，黄南州、玉树州、果洛州在一个水平线上。经过近几年的不断调整，低保补助标准逐步提高，到 2012 年，藏区农（牧）区最低生活保障补助标准较 2007 年有了大幅提高（表 5-2）。

表 5-2　2011 年青海藏区农（牧）区最低生活保障补助标准（人均 / 年）

地区	人均纯收入 <760 元的补助金额（元）	人均纯收入 760-960 元的补助金额（元）	人均纯收入 960-1160 元的补助金额（元）	人均纯收入 1160-1320 元的补助金额（元）	四类特殊困难对象的补助金额（元）
海南州	889.25	761.90	641.03	104.19	198.00
海北州	541.73	463.45	376.99	61.04	118.80
海西州	363.55	311.52	249.09	80.32	84.48
黄南州	775.00	674.29	553.97	95.40	160.98
玉树州	1211.45	1053.62	881.33	56.99	241.08
果洛州	598.23	520.21	288.36	66.24	109.80

数据来源：2011 年《青海统计年鉴》

将表 5-1 和表 5-2 对比可以看出，随着近几年经济的发展，藏区农牧民的收入也在不断增加，政府部门对藏区农牧民的低保补助也有大幅提高。同时，规定对青海藏区农（牧）区家庭中的特殊困难群体给予救助，享有农村牧区居民最低生活保障政策中丧失劳动能力的残疾人、患病卧床不起一年以上的人员、无劳动能力家庭成员和60岁以上的老人每人每年补助100元，以此来满足更多农牧民的需要，使得藏区农（牧）民的生活水平更好。

（二）青海藏区农（牧）区最低生活保障资金支出总量变化分析

农村最低生活保障是政府公共服务的重要内容，政府承担资金保障的职责，正是公共财政公平性、公共性和公益性的重要体现。青海财政在资金困难的情况下，通过各种渠道筹集资金，加大藏区农（牧）区低保资金的投入力度，2007—2012年藏区农（牧）区各年的低保资金支出总额逐年增加（表5-3）。

表5-3 2007-2012年青海藏区农（牧）区低保资金支出总额和增长率

年份（年）	2007	2008	2009	2010	2011
低保资金支出总额（万元）	10231	21566	31570	44845.65	58000
环比增长率（%）	—	110. 79	46.39	42.05	29.33

数据来源：青海省民政厅社会救助处提供

如果用折线图表示，更能清楚地表现出来（图5-1）。

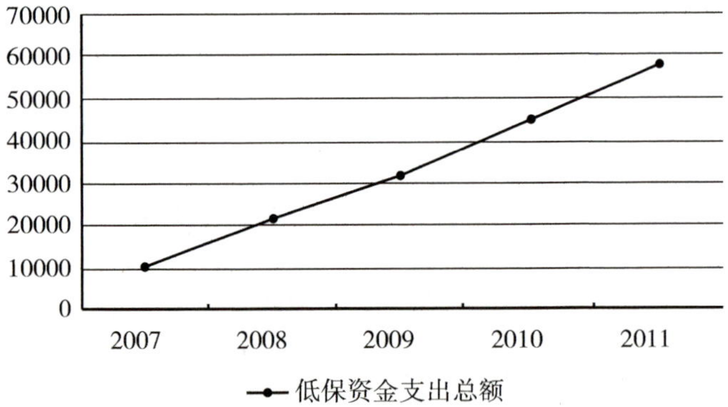

图5-1 青海藏区农（牧）区低保资金支出总额折线图

通过图5-1可以看出，青海藏区农（牧）区低保资金支出2007—2012年每年呈直线上升，由2007年的10231万元增加到2011年的62800万元，尤其是2008年与2007年比较环比增长110. 79%。

二、青海藏区农（牧）区低保资金需求量测算

青海藏区农牧区最低生活保障需求量的测算，要充分考虑青海省的实际，

结合青海经济发展状况、目前居民生活水平和生活习惯具体情况具体分析。

（一）青海藏区农牧区最低生活保障资金需求量的理论测算

2011 年，青海省民政厅会同青海省统计局曾对青海藏区农牧区低保资金需求量运用标准食物支出法进行过测算。具体计算方法是，根据国家统计局青海省调查总队提供的当地居民基本生活费用支出确定，其费用支出包括必需食品消费支出和非食品类生活必需品支出两部分。用公式表示为：

青海藏区农牧区低保资金需求量 = 必需食品消费支出 + 非食品类生活必需品支出

运用这一公式计算低保资金需求量，可以有两个不同口径：以中国居民膳食量计算食物支出量和以青海藏区农牧民膳食量计算食物支出量。

1. 以中国居民膳食量及食物品种计算食物支出量

根据 2011 年民政部《关于进一步规范城乡居民最低生活保障标准制定和调整工作的指导意见》（民发〔2011〕80 号），以中国营养学会推荐的能量摄入量、相应食物摄入量以及食物的市场价格计算办法，考虑到青海藏区属高海拔地区，能量消耗较大，低保家庭人员能量消耗以男性轻体力活动所需能量 2400 千卡计算。必需食品消费支出通过市场调查确定当地食品必需品消费清单（即标准食物清单），食品价格采用国家统计局青海省调查总队提供的 2011 年 1—4 月份的平均价格计算。

表 5-4　按每日 2400 千卡计算的青海藏区农牧区居民必需食品消费支出计算表

能量类别	单价（元 / 千克）	每日消费量（克）	每日费用（元）	每月费用（元）	每年费用（元）
谷类	3.6	350	1.26	3.78	38.16
大豆类	14.82	40	0.59	17.7	212.4
蔬菜	5.77	450	2.6	78	936
水果	9.6	400	3.84	115. 2	1382.4
肉类	32.4	75	2.43	72.9	874.8
乳类	7.77	300	2.33	69.9	838.8
蛋类	8.95	50	0.45	13.5	162
水产品	42.54	75	3.19	95.7	1148.4
烹调油	14.24	30	0.43	12.9	154.8

（续表）

能量类别	单价（元 / 千克）	每日消费量（克）	每日费用（元）	每月费用（元）	每年费用（元）
食盐	2	6	0.012	0.36	4.32
合计	—	—	17.13	514	6168

资料来源：国家统计局青海省调查总队

以中国营养学会推荐的每人每日能量摄入量、食物摄入量标准及食品消费结构计算出青海藏区农牧民低保对象每月仅食物支出就需 514 元，每年需 6168 元，是 2010 年青海省农村居民平均食品支出的 5 倍（2010 青海省农村居民平均食品支出 1234.2 元）。这是 2010 年青海省农村居民平均消费支出的 1.9 倍（2010 年农村居民平均消费支出 3243.6 元）。如果加上非食品类生活必需品支出数据更大。

2. 以青海藏区农牧民生活水平和生活习惯计算食物支出量

根据青海藏区农牧民生活水平和生活习惯，在保证能量摄入的基础上，对食品结构进行调整（取消水产品，减少水果、乳类，增加谷类消耗），同时降低能量摄入量，以每天 2200 千卡（民政部标准）计算。

表 5–5　食品结构调整后按每日 2200 千卡计算的青海藏区农牧区居民必需食品消费支出计算表

能量类别	单价（元 / 千克）	每日消费量（克）	每日费用（元）	每月费用（元）	每年费用（元）
谷类	3.6	400	1.44	43.2	518.4
大豆类	14.82	40	0.59	17.7	212.4
蔬菜	5.77	450	2.6	78	936
水果	9.6	100	0.96	28.8	345.6
肉类	32.4	75	2.43	72.9	874.8
乳类	7.77	250	1.94	58.2	698.4
蛋类	8.95	50	0.45	13.5	162
烹调油	14.24	30	0.43	12.9	154.8
食盐	2	6	0.012	0.36	4.32
合计	—	—	10.85	325.5	3906

资料来源：国家统计局青海省调查总队

从计算结果来看，考虑到青海藏区农牧民的生活水平和生活习惯，每月食物消耗所需费用至少要在325.5元以上，每年需3906元以上，比青海农村居民的平均食品消费支出（2010青海省农村居民平均食品支出1234.2元）高出2671.8元/年，仅食品支出就超过了青海农村居民平均消费支出，占2010年青海农村居民平均消费支出（2010年农村居民平均消费支出3243.6元）的120.42%。

（二）青海藏区农牧区最低生活保障资金需求量的确定

通过上述测算可以看出，以中国营养学会推荐的每人每日能量摄入量、食物摄入量标准及食品消费结构计算的青海藏区农牧民低保对象每月仅食物支出就需514元，每年需6168元；考虑到青海藏区农牧民的生活水平和生活习惯进行测算，每月食物消耗所需费用至少要在325.5元以上，每年需3906元以上。计算方法虽然科学，但仅食物支出就高于农村居民家庭平均生活性消费支出，如果再考虑非食品支出数额就更大。就青海目前的经济发展水平，显然不合适，又考虑到青海藏区是青海省生活条件最艰苦的地区，气候及生存环境恶劣，生活成本高，所以青海藏区农（牧）区年人均低保资金需求量，可参考青海省经济社会发展水平、人均消费支出情况确定。根据《青海统计年鉴》（2007—2011年）统计数据，2007年青海省农村居民家庭平均生活性消费支出为2085.5元，2011年青海省农村居民家庭平均生活性消费支出为3858.5元（表5-6），可以此作为青海藏区农牧区低保资金需求量。

表5-6　2007—2011年青海藏区农（牧）区低保户平均每人年生活消费总支出

单位：元

年份（年）	2007	2008	2009	2010	2011
生活消费总支出	2085.5	2214.9	2974.9	3243.6	3858.5
食品	941.28	978	1298.3	1234.2	1526.9
衣着	177.14	170.8	200.2	224.7	255.2
居住	329.33	362.8	568.8	784.9	944.2
家庭设备用品及服务	84.18	94.7	110.4	132.5	193.6
医疗保健	172.2	192.8	270	291.3	307.9
交通通讯	208.4	255.8	316.8	341.1	369.6

（续表）

年份（年）	2007	2008	2009	2010	2011
文教娱乐用品及服务	109.5	118.7	148.9	173.8	198.5
其他商品及服务	63.4	41.3	61.5	61	62.6

数据来源：根据2007—2011年《青海统计年鉴》《青海民政年鉴》计算

三、青海藏区农（牧）区最低生活保障资金缺口测算

青海藏区农（牧）区低保资金缺口测算，可根据低保资金支出总额和资金需求量对比进行测算。首先测算低保人均月补差额缺口，进而测算低保资金年补差缺口，最后测算低保资金总缺口。

（一）青海藏区农（牧）区最低生活保障人均月补差额缺口测算

根据2007—2011年青海藏区农（牧）区低保人均需求、人均低保资金供给总额，用低保资金需求总额减去人均低保资金供给总额，便可得出青海藏区农（牧）区低保人均月补差额缺口。计算公式如下：

青海藏区农（牧）区低保人均月补差额缺口＝月人均低保资金需求总额—月人均低保资金供给总额

表5-7　2007-2011年青海藏区农（牧）区低保人均月补差额缺口测算

年份（年）	2007	2008	2009	2010	2011
低保资金支出总额（万元）	10231	21566	31570	44845.65	58000
贫困总人数（万人）	22.9	34.5	38	38	40.07
年人均低保资金供给总额（元）	446.76	625.10	830.79	1180.15	1425.06
年人均低保资金需求总额（元）	2085.48	2214.96	2974.92	3243.6	3858.48
月人均低保资金供给总额（元）	37.23	52.09	69.25	98.35	118.76
月人均低保资金需求总额（元）	173.79	184.58	247.91	270.3	321.54
低保人均月补差额缺口（元）	136.56	132.49	178.66	171.95	202.78

资料来源：根据2007-2011年《青海统计年鉴》《青海民政年鉴》整理计算

注：年人均低保资金供给总额＝低保资金支出总额 ÷ 贫困总人数；月人均低保资金供给总额＝年人均低保资金供给总额 ÷12；月人均低保资金需求

总额 = 平均每人年生活消费总支出 ÷12。

从表 5-7 中的计算数据可得出，青海藏区农（牧）区 2007 年的人均月补差额缺口为 136.56 元；2008 年的人均月补差额缺口为 132.49 元；2009 年的人均月补差额缺口为 178.66 元；2010 年的人均月补差额缺口为 171.95 元；2011 年的人均月补差额缺口为 202.78 元，人均月补差额缺口逐年增长。

（二）测算青海藏区农（牧）区最低生活保障资金总缺口

按青海藏区农（牧）区贫困人口测算最低生活保障资金总缺口，计算公式如下：

青海藏区农（牧）区贫困人口低保资金总缺口 = 贫困总人数 × 低保人均月补差额缺口 ×12

表 5-8　2007-2011 年青海藏区农（牧）区低保资金总缺口

年份（年）	2007	2008	2009	2010	2011
贫困总人数（万人）	22.9	34.5	38	38	40.07
低保人均月补差额缺口（元）	136.56	132.49	178.66	171.95	202.78
低保资金总缺口（亿元）	3．75	5.49	8.15	7.84	9.75

资料来源：根据公式计算而得

计算得出青海藏区农（牧）区从 2007 年到 2011 年每年的低保资金总缺口，由 2007 年 3.75 亿元到 2011 年 9.75 亿元，缺口数额在逐年增大。

四、青海藏区农（牧）区最低生活保障资金供需预测

以上计算得出了 2007—2011 年青海藏区农（牧）区低保人均月补差额缺口和低保资金总缺口。由此，可利用一元线性回归模型，对未来几年青海藏区农（牧）区低保资金供需缺口状况进行预测。

（一）一元线性回归预测模型

结合以上条件，建立时间变量与人均月补差额变量之间的一元线性回归模型为：

$$Y_i = a + bX_i + \varepsilon i \qquad \text{公式（1）}$$

上述模型公式（1）中，Y_i 为因变量，表示人均月补差额缺口变量，X_i

表示解释变量，代表时间变量，εi 为随机误差项。

在这一模型中，a 、b 分别代表一元线性回归方程的参数，其公式分别为：

$$a=\frac{\Sigma Y_i}{n}-b\frac{\Sigma X_i}{n}$$

$$b=\frac{n\overset{n}{\Sigma}X_iY_i-\overset{n}{\Sigma}X_i\Sigma Y_i}{n\Sigma X_i^2-\left(\Sigma X_i\right)^2}$$

为简便计算，我们作以下定义：

$$\begin{cases}S_{xx}=\Sigma(X_i-\bar{X})^2=\Sigma X_i^2-\dfrac{(\Sigma X_i)^2}{n}\\S_{yy}=\Sigma(Y_i-\bar{Y})^2=\Sigma Y_i^2-\dfrac{(\Sigma Y_i)^2}{n}\\S_{xy}=\Sigma(X_i-\bar{X})(Y_i-\bar{Y})=X_iY_i-\dfrac{\Sigma X_i\Sigma Y_i}{n}\end{cases}$$

式中：

$$\bar{X}=\frac{\Sigma X_i}{n},\bar{Y}=\frac{\Sigma Y_i}{n}$$

这样定义后，参数由下列公式求得：

$$a=\bar{Y}-b\bar{X}$$

$$b=S_{xy}\div S_{xx}$$

根据以上模型和表 5-7 的数据资料，测得一元线性回归模型为：

$Y_i=-34370.22+17.19X_i$；

表 5-9　一元线性回归预测模型拟合优度检验

Multiple R	0.915366
R Square	0.837895
Adjusted R Square	0.78386
标准误差	13.80445
观测值	5

由数据拟合优度，可知利用一元线性回归模型对时间变量与人均月补差额变量之间的关系描述得拟合较好，可到达 0.915366。

表 5-10　一元线性回归预测模型变量的显著性检验

	Coefficients	标准误差	t Stat	P-value	Lower 95%	Upper 95%
Intercept	-34370.22	8769.991	-3.91907	0.029544	-62280.2	-6460.2
X Variable 1	17.19	4.36535	3.937828	0.029178	3.297507	31.08249

当 a = 0.05，n-2=3 时查表可得 T= 3.182，此时截距项和斜率项的 T 值的绝对值均大于 3.182，则说明人均月补差额变量在 95% 的置信水平下显著，并在 95% 的置信度下拒绝截距项为零的假设。

表 5-11　一元线性回归预测模型总体线性显著性检验

	df	SS	MS	F	Significance F
来自回归（ESS）	1	2954.961	2954.961	15.50649	0.029178
来自残差（RSS）	3	571.6885	190.5628		
总离差（TSS）	4	3526.649			

对于一元线性回归，F 值与 T 值都与相关系数 R 等价。因此，F 检验同 T 检验结果。该模型通过了 F 检验，在 95% 的置信度下，斜率 b 和截距项 a 显著不为零。

将其分别代入一元线性回归方程 $Y_i = -34370.22 + 17.19X_i$，就可以建立一元预测模型，那么，只要给定 xt（xt 为时间变量值），即可求出预测值 Yt。

（二）最低生活保障资金人均差额缺口预测结果分析

根据一元线性回归模型，可测算出青海藏区农（牧）区 2012—2017 年的人均低保资金供需缺口。测算数据见表 5-12，近年青海藏区农（牧）区人均低保资金供需缺口呈现逐步上升的趋势。到 2017 年，预测的月人均低保资金供需缺口达到 302.01 元。

将表 5-12 的数据做成统计图，可以更直观地看出 2012-2017 年青海藏区农（牧）区月人均低保资金供需缺口的变化增长趋势。

表 5-12　2012-2017 年青海藏区农（牧）区低保资金人均月补差额缺口预测

年份（年）	2012	2013	2014	2015	2016	2017
人均月补差额缺口预测（元）	216.06	233.25	250.44	267.63	284.82	302.01

资料来源：根据一元线性模型预测得出

可以看出，2012—2017年青海藏区农（牧）区人均低保资金月供需缺口呈现逐步上升的趋势，从2012年的216.06元到2017年的302.01元，缺口逐年增大。如果以2011年的贫困总人口40.07万人测算，2012—2017年青海藏区农（牧）区低保资金年总缺口分别为10.39亿元、11.22亿元、12.04亿元、12.87亿元、13.70亿元、14.52亿元，六年合计低保资金总缺口为74.74亿元。

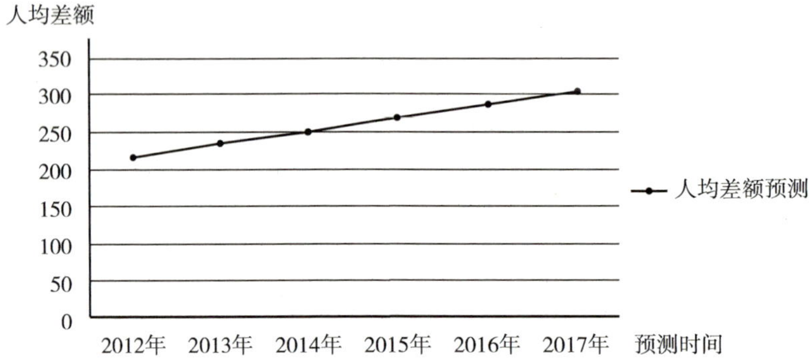

图5-2 未来青海藏区农（牧）区月人均低保资金供需缺口

五、青海藏区农（牧）区低保资金短缺问题及原因

（一）最低生活保障制度资金来源单一

国务院2007年7月11日下发的《国务院关于在全国建立农村低保制度通知》指出，农村低保资金的筹集以地方为主，地方各级人民政府要将农村低保资金列入财政预算，省级人民政府要加大投入，中央财政对财政困难地区给予适当补助。地方各级人民政府及其相关部门要统筹考虑农村各项社会救助制度，合理安排农村低保资金，提高资金使用效益。同时，鼓励和引导社会力量为农村低保提供捐赠和资助。虽然国家鼓励和支持多渠道筹集农村低保资金，但是在青海藏区农（牧）区低保资金主要由各级政府列入财政预算，省、州、县三级按比例承担，中央对这些地区实行补助，并没有形成多渠道筹资体系。例如，2007年，青海省需要农村低保资金约13283万元，按照省政府规定的资金分担比例，省级财政承担资金11110万元，占资金总额的83.6%，省级以下财政需承担2173万元，占资金总额的16.4%。2011年，青海藏区农（牧）区居民最低生活保障资金支出44845.65万元，其中省级承担资金36493.58万元，州、县配套部分为8352.07万元，低保资金100%由各级财政承担。

（二）地方政府落实配套资金难

《青海省人民政府关于建立农村牧区居民最低生活保障制度的意见》指出，海西州省财政补助所需资金的80%，地方财政承担20%；海南州、海北州省财政补助所需资金的85%，地方财政承担15%；玉树州、果洛州、黄南州省财政补助所需资金的90%，地方财政承担10%。各地根据财政状况制定相应的州、县资金分担比例。在现有的农村低保资金筹集方式下，地方政府落实配套资金困难，究其原因主要有以下几点：

第一，财政收入规模小，财力增长主要依靠上级补助。藏区6个州当中，除海西州因海拔相对较低，近年来陆续有外来投资进入从事资源开发，财力相对较好外，其余各州因经济发展缺乏条件，且因免征农牧业税、农业特产税、三江源生态保护工程的实施，原有财源进一步萎缩，财政收入规模愈小。由于自然环境恶劣，基础设施条件差，缺少资本投入，预计藏区财政收入状况将长期保持较低水平。

第二，市场经济发展程度低，政府财政成为社会各项事业投入的唯一来源。新中国成立以来，藏区由自然经济状态一下过渡到社会主义计划经济，虽然在党和国家的关怀下，社会事业取得了突飞猛进的发展，但是仍然处于较低水平。进入社会主义市场经济阶段后，与其他地区相比，这一差距尤为明显。一方面，各项社会事业市场化程度很低，社会服务完全依靠政府提供。一些在内地已经逐步市场化的社会服务及其提供方，如卫生、文化、城市公用事业等，仍全部由财政保障工资及日常经费，无法通过市场化运作取得收入。另一方面，金融资本和民营资本规模小，融资渠道主要依靠政府财政，政府财政成为社会各项事业投入的唯一来源。

此外，青海属西部省份，省本级及非藏区财政收入十分有限，帮助解决困难问题的能力较弱。

（三）中央政府和省级政府的财政补贴制度不完善

最低生活保障制度作为中国特色的社会救助制度，其资金来源应以国家财政特别是中央政府的财政支持为主，特别是对于青海藏区农（牧）区，由于地方财政困难，客观上需要中央政府的财政补贴。这样，中央财政和地方在农村低保上各应承担多少比例，成为中央政府和地方政府博弈的重点。由于中央政府在对地方政府实施补贴的过程中缺乏足够的信息和量化依据，使得中央政府在面对地方众多资金需求的情况下，在落实向地方社会事业的财政转移支付决策时十分谨慎，对地方的财政补贴资金有限。

（四）社会资金筹集不足

时任国家主席的胡锦涛同志在党的十七大报告中强调要加快推进以改善民生为重点的社会建设，并将建立覆盖城乡居民的社会保障体系作为其六大任务之一。报告指出："社会保障是社会安定的重要保证，要以社会保险、社会救助、社会福利为基础，以基本养老、基本医疗、最低生活保障制度为重点，以慈善事业、商业保险为补充，加快完善社会保障体系。"

改革开放以来，我国社会慈善事业取得了重要成果，也呈现出新的发展趋向，但仍处于初级阶段。与国外相比，我国的社会力量投入到慈善事业的比例很低。民政部的数据显示，我国每年募集的不足 100 亿元慈善资金尚不足全国 GDP 的 0.1%，对财富分配格局的影响微乎其微。而美国每年的慈善资金能占到 GDP 的 2.4%，有近 80% 的资金来自于国民。中华慈善总会的统计表明，我国拥有 80% 以上社会财富的富人对慈善事业的捐赠小于 15%。这种背景下，投入到青海农（牧）区最低生活保障的善款数额不多，与之相关的慈善机构规模不大，作用有限。

六、解决青海藏区农（牧）区最低生活保障资金短缺问题的思路与对策

（一）拓宽最低生活保障资金的渠道和来源

1. 加强中央政府作为资金投入主体的地位

青海藏区农（牧）区最低生活保障作为纯公共产品，必须以财政为主要筹资渠道。同时，要加大财政在该地区最低生活保障方面的投入，通过调整财政支出结构增加财政预算。中央财政应加大转移支付力度，省、市两级政府应安排专项资金支持县级财政，县级财政要调优财政支出结构，足额预算最低生活保障资金，确保资金足额到位。

近些年，中央财政收入的大幅提高，为提高中央对地方的转移支付能力提供了财力可能。要完善最低生活保障制度的财政支持体系，资金的筹集应逐级上移，中央与省级政府应是保障资金的主要责任主体。

地方财政层面，目前可根据农（牧）区最低生活保障制度的实施情况适

当规定地方承担的比例。省级财政应进一步提高农（牧）区最低生活保障专项补助资金比例，主要投向辖区内财政比较困难的州、县，重视财政资金补助的方式，努力推进地方基层政府财力横向均等化，以促使财力不同的基层政府为农（牧）民提供大体相同的最低生活保障服务，以拉平区域最低生活保障水平。

2. 加大非政府组织筹资力度

非政府组织是指不以营利为目的、主要开展公益性或互益性活动、独立于党政体系之外的正式的社会组织。非政府组织资源获取的自主性和多渠道性，有利于降低农村贫困人口的社会成本。它们完全在社会的直接监督下运作，能较好地避免贪污和浪费，也有利于其充分利用社会过去未能充分利用的各种资源，能够高效整合和配置各种社会资源，将政府无法动员的社会闲散资金引入社会救助领域，在一定程度上弥补了政府财力的不足，延伸了农（牧）区社会救助的边界。

3. 拓宽境外力量筹资渠道

向有关国际组织申请援助青海藏区农（牧）区最低生活保障制度，借助国际力量来弥补最低生活保障资金的不足。以世界粮食及农业组织为例，该机构在全球 81 个国家实施了紧急救援和发展项目。它一方面为天灾人祸的受害者提供紧急救济，另一方面为发展中国家的经济和社会发展项目提供支持，与此类似的是世界银行。这些机构联合向发展中国家提供低息贷款、无息信贷和赠款。它们的任务是资助国家克服穷困，在减轻贫困和提高生活水平的使命中发挥独特的作用。

4. 发展社会慈善事业，鼓励个人和企业捐赠

社会捐赠作为低保资金筹集的重要来源，应通过落实国家有关税收照顾政策、授予各种荣誉等方式，鼓励非公有制经济、高收入阶层和社会各界公众向青海藏区农（牧）区最低保障捐款，并褒扬他们的高尚精神，使捐款者获得适当的社会回报。一方面，应尽快制定一部完备的《慈善事业法》，给予慈善事业和社会捐赠活动法律上的保障和监督，创造更为有利的慈善法治环境，全面规范和促进慈善事业健康有序地发展。另一方面，鼓励政府部门、企事业单位、民间和个人为实施农村“低保”提供捐赠和资助，可以将捐助的资金存入专门的账户，用于补充农村低保资金的缺口。

此外，应尽快研究科学、简便的管理办法，使公募管理既能规范，又能动员更多社会资源参与慈善事业。同时，还应做好民间组织慈善捐助信息披露工作，建立广覆盖、经常性的慈善活动信息发布机制，以利于公众知情、社会监督和舆论鼓励，进一步提高募捐的社会公信力。

（二）增加获取最低生活保障资金的手段和方式

1. 开征社会保障税筹集低保资金

目前，全球 140 多个国家开征了社会保障税，作为国家社会保障体系中重要的资金筹措手段，该税在德国、法国、瑞典等国已成为第一大税种。纳税是公民的义务，不论是何种类型的企业，不管是城市还是农村的公民，只要有纳税能力，属于纳税范围的，都应是社会保障税的纳税人。这样做，实际上是在全社会范围内统筹资金，在国家实行统一税率征税的前提下，就可以消除由于地区、行业不同而造成的公民个人之间及单位之间负担不均、待遇有别的问题，可以实现同一比例下多收入者多缴、少收入者少缴、收入相同者负担一致的公平原则。这样农民中的低收入者，不仅会因为收入低享受免缴此税或少缴此税的优惠，而且当他们的基本生活遇到困难时，还可以享受国家征收此税所给予他们的基本生活保障，真正让藏区农（牧）区的贫困人口享受到社会经济进步所创造的成果。

2. 发行专项福利彩票筹集低保资金

从 1987 年至今，中国福利彩票已经走过 30 年的发展历程，为社会福利事业发展筹集了大量的资金，同时在彩票发行方面已经积累了相当的经验。发行专门针对青海藏区农（牧）区最低生活保障的福利彩票，符合全社会都来参与社会保障的原则。青海福利彩票从 1987 年试销 70 万元，到 2012 年销售量突破 5 亿元，实现了发行规模的跨越发展。近年来，青海福利彩票发行规模持续上升，不断超越，累计销售 20 多亿元，筹集福利公益金 7 亿多元，大力促进了社会福利事业的发展，有力地推动了社会公益事业的进步，取得了显著的社会效益和经济效益。[①] 因此，发行专项福利彩票可作为筹集低保资金的一个重要方式。

① 青海福利彩票发行中心. 青海省福利彩票事业的跨越式发展（内部资料）. 2013.

3. 盘活社会保障基金，实现保值增值

随着生产力的发展、物价的上涨和社会老龄化的到来，社会保障的覆盖面将不断拓宽。社会保障基金的规模越来越大，能否建立起一个合适的社会保障基金投资运营机制，确保社会保障基金在不断积累扩大的前提下保值与增值，已成为社会保障制度改革成功与否的关键之一。由于社会保障基金是广大劳动者在丧失劳动能力，或失去工作之后的最后保障，也是维护社会安全稳定的资金保证，因此，社会保障基金的保值一定要避免风险。基金投资应当兼顾安全性、流动性和效益性的原则。

当前，我国社会保障基金已全面纳入财政专户，实行收支两条线管理，此举为防止社会保障基金被挤占挪用，保障其安全起到了至关重要的作用。当前的基金基本上都存放于银行，由银行提供一定的优惠利率实现保值增值。但在银行利率较低的情况下，容易受到通货膨胀的影响，无法满足人民群众的社会保障需要。建议目前社会保障基金的一部分存入银行，以保证其流动性、随时支付的需要；基金结余部分宜由中央政府掌握投向，除按照规定投资于国家发行的债券外，应当积极探索更有利的投资方式，如投资于效益高、收益稳定的公共工程和公益设施的建设等，以求得最大的利益。当然，结余部分增值或亏损情况应定期向社会公布，接受人大和社会公众的监督。

七、小结

自 2007 年全面建立农村低保制度以来，尽管国家对青海藏区农牧区低保的投入一直在增长，但相对于低保资金的需求而言还远远不够。不可否认，随着经济的发展，贫困人口会逐年下降，但是贫困线却会逐步提高，藏区农牧区低保资金的需求总额会继续保持在一个较高的水平，如何弥补低保资金的缺口，将是完善藏区低保制度的关键所在。通过本文的分析可知，如果要实现应保尽保，资金的需求量将会成倍增加。在当前青海藏区地方财政的低保资金支出已达其能力极限的状况下，省以上政府若不切实承担起农村低保的重任，制度的实施效果势必会因资金的短缺而大打折扣。由此笔者建议：为保证青海藏区农牧民的基本生活需要，促进青海藏区的和谐发展，鉴于青海地方经济发展落后，财力有限，贫困人口多，低保资金需求量大，中央及省级政府在农村低保中的责任应当进一步加强，使青海藏区人民同全国各族人民一样，充分享受公共财政的阳光。

第六章　青海藏区农（牧）区最低生活保障与扶贫开发衔接分析——以泽库县为例[①]

农村扶贫开发与农村最低生活保障制度作为缓解农村贫困的两种手段，在遏制农村贫困现象，促进农村经济发展方面发挥着重要的作用。根据国务院扶贫办、民政部《关于开展农村最低生活保障制度与扶贫开发政策有效衔接试点工作的通知》精神，泽库县被国务院扶贫办确定为农村最低生活保障制度和扶贫开发政策有效衔接的试点。泽库县位于青海省东南部，隶属黄南藏族自治州，是青海藏区的重要组成部分。全县辖6乡2镇1场，[②]64个行政村；总人口为6.94万人，其中牧业人口为5.93万人，占总人口的85.45%，藏族人口为67901人，占总人口的97.84%；总面积为6550平方千米（998.78万亩），其中草场面积为6525平方千米（978.79万亩），占总面积的98%，人均占有草场158亩，可利用草场面积为6187为平方千米（928.23万亩），占总面积的92.49%，是一个以藏族为主体，汉、蒙、回、撒拉、土族等多民族聚居的纯牧业县。截至2012年底，地区生产总值为7.2308亿元；农牧业总产值为4.5295亿元；牧民人均纯收入为2317.41元，[③]属于国定贫困县之一。[④]

一、泽库县农村贫困的治理

泽库县属青南高寒地区，也是三江源核心区的一部分。由于自然环境恶劣、自然灾害频繁、退牧还草后后续产业发展缓慢、资源的利用率不高、基础设施薄弱、社会发育程度低等诸多原因，造成了本县成为青海藏区典型的贫困县之一。针对泽库县牧区贫困状况，政府除大力发展本地区经济外，还从扶贫开发和农村低保等方面进行治理。

（一）农村扶贫开发取得成效

从1986年开始扶贫开发，由输血式逐渐演变到造血式。进入新世纪以来，

---

① 本章部分内容已发表在2012年第2期上，题目为《青海省泽库县藏区农牧区扶贫开发与农村最低生活保障有效衔接的调查》。

② 6乡2镇1场：宁秀乡、和日乡、恰科日乡、西卜沙乡、多禾茂乡、王家乡、泽曲镇、麦秀镇、牧场。

③ 泽库县扶贫办．青海省泽库县扶贫开发工作汇报（内部资料）．2013．

④ 青海省15个国定贫困县：大通县、湟中县、平安县、乐都县、民和县、循化县、化隆县、尖扎县、泽库县、达日县、甘德县、玉树县、囊谦县、杂多县、治多县。

在党的富民政策指引下，在省委、省政府及州委、州政府的正确领导下，泽库县按照《中国农村扶贫开发纲要（2001—2010年）》的总体要求，制定了《泽库县扶贫开发规划（2003—2010年）》，明确新时期扶贫开发工作的目标、任务和措施，以扶贫开发总揽全局，以增加牧民收入为核心，以基本解决贫困群众温饱为目标，以贫困村为主战场，以贫困牧户为主攻对象，带领全县各族干部群众齐心协力，扎实开展了一系列的扶贫工作。同时，也得到了国家建设部、辽宁省本溪市和省、州定点帮扶单位及社会各界的大力支持。2005—2011年，全县共计投入整村推进项目建设资金2210万元（财政扶贫资金1320万元，以工代赈资金890万元），实施了宁秀乡直尕日村等28个绝对贫困村的整村推进工作；扶持4232户贫困户，实施了购买生产母畜、购买配套围栏、购买手扶拖拉机、人工井等到户项目，使24024人贫困人口受益。建设村级简易道路11条，总里程为132.4千米。按照新时期解决温饱的标准，2005—2011年全县基本解决了4218户、21719人的温饱问题。牧民人均收入由2005年的1537.28元增加到2011年的2317.41元，增加780. 13元。①

（二）农村最低生活保障及其他社会救助措施

从2007年开始，按照省、州的安排部署和工作要求，泽库县建立并实施农村牧区居民最低生活保障（简称“农村低保”）制度，较好地维护了特困群众的基本权益，使这项“德政工程”发挥了应有的社会作用。全县农村居民最低生活保障标准线②由2007年的750元经过四次调整后提高到2011年的1500元；2011年，投入财政资金5780.8万元，将全县农村贫困人口5.7万人中的8100人纳入低保，占贫困人口的14.21%，基本实现了“应保尽保”的目标，较好地解决了特困人口的基本生活困难问题。此外，农村五保供养、特困生活救济、农村医疗救助、农村困难群众危房改造等社会救助措施也对贫困的治理起到了至关重要的作用。

经过改革开放后的经济发展，20世纪80年代开始的政府扶贫开发以及社会保障制度的不断完善，泽库县农村贫困状况有所缓解。但是，截至2011年底，

---

① 青海省扶贫开发局. 关于两项制度衔接试点工作总结（内部资料）. 2012.

② 泽库县农村居民最低生活保障年标准线：2007年1月1日执行标准为750元；2007年7月1日执行标准为960元；2009年7月1日执行标准为1200元；2010年1月1日执行标准为1320元；2011年5月1日执行标准为1500元。

全县仍有贫困人口 2.2 万人，贫困发生率高达 25.78%，仍属于贫困程度最深的国家少数民族贫困县。

二、最低生活保障与扶贫衔接试点运行状况分析

农村最低生活保障制度是“输血式”救济，更多关注的是人的生存权；农村扶贫开发是“造血式”扶贫，更多关注的是人的发展权。农村最低生活保障制度的建立，对没有发展能力的贫困人口做出了兜底性制度安排，通过救助维持其基本生存；同时，通过扶贫开发对具有发展能力的贫困人口给予多方面支持，促进其脱贫致富。实行两种政策地有效衔接，是农村脱贫致富、建设小康社会、消除绝对贫困的现实需要，也是加快经济社会发展的需要。

（一）农村最低生活保障与扶贫衔接试点政策出台

泽库县是国家扶贫开发工作重点县，也是纯牧业县，贫困面广、贫困人口多、贫困程度深、扶贫难度大，这些因素使泽库县的扶贫工作在全国具有代表性。根据国务院扶贫办、民政部《关于开展农村最低生活保障制度与扶贫开发政策有效衔接试点工作的通知》（国开办发〔2009〕1 号）精神，泽库县被国务院扶贫办确定为农村最低生活保障制度和扶贫开发政策有效衔接的试点。通过试点，建立科学、规范、公开、公平、公正的贫困人口识别机制和动态管理机制，在此基础上健全、完善贫困牧户档案，实施分类扶持，做到应保尽保、应保应扶、应扶尽扶，努力在泽库县创出一条两项制度有效衔接的路子。

（二）“两项制度”试点工作的具体做法

1. 做好宣传，使两项制度试点工作做到家喻户晓

泽库县人民政府及相关部门在青海省两项制度试点指导小组和黄南州协调小组的统一安排和要求下，积极开展工作。一是充分利用春季宣传中央 1 号文件这一有利时机，同时大力宣传两项制度试点工作；二是召开全县两项制度有效衔接试点工作动员大会。会议传达了两项制度有效衔接试点工作的通知精神，并就如何搞好两项制度试点工作提出了具体的要求；三是抽调 60 多名人员从事两项制度有效衔接试点工作，并对工作人员进行了培训；四是由泽库县两项制度领导小组组长、副组长分别带队赴各乡（镇）宣讲两项制

度的目的和意义，并督查了解工作的进展情况；五是专门编译编写成藏、汉两种文字的宣传册6190份（藏文6000册、汉文190册），共悬挂横幅11条，召集村级群众大会64场次、群众座谈会220场、走帐串户960户、受宣传人数达12000人（次）。宣传动员工作历时43天①，通过广泛宣传动员，做到了家喻户晓，使广大牧民群众充分认识到了农村低保与扶贫开发政策有效衔接的重要意义和党的惠民政策。

2. 确定识别标准

扶贫开发对象的识别指标，在参照国家扶贫标准的基础上，结合泽库县实际，农村最低生活保障对象的识别指标按现行政策确定的标准进行。而扶贫标准青海省尚未确定的情况下，为不延误工作，泽库县暂时按国家现行扶贫标准1196元进行识别对象，待省里正式确定标准后，再做补充完善。

农村牧区居民最低生活保障对象的识别：第一步，根据牧户的贫富程度排序，符合低保条件的农村牧区居民，以家庭为单位，由个人向村（牧）民委员会提出申请，或村民小组推荐。第二步，对于农村低保制度对象的申请，村选评领导小组要按照农村低保的识别指标进行调查核实，集中进行民主评议，组织评审、张榜公布，对无异议的，报乡镇（场）人民政府审核；对有异议的，要向申请人说明情况，讲清理由，做好解释工作。第三步，经乡镇（场）人民政府审核、公示后，群众一致认可的，报县级民政部门审批。第四步，经县级民政部门复审并公开公示确定，州民政局进行抽查验收后，对符合条件的低保对象，核发《青海省农村牧区居民最低生活保障证》。

扶贫开发对象的识别：第一步，根据牧户的贫富程度排序，符合扶贫开发条件的农村牧区居民，以家庭为单位，由个人向村（牧）民委员会提出申请，或村民小组推荐。第二步，对于扶贫开发对象的申请，村选评领导小组要按照扶贫开发对象的识别指标进行调查核实，集中进行民主评议，组织评审、张榜公布，对无异议的，报乡镇（场）人民政府审核；对有异议的，要向申请人说明情况，讲清理由，做好解释工作。第三步，经乡镇（场）人民政府审核、公示后，群众一致认可的，报县级扶贫部门审批。第四步，经县级扶贫部门复审并公开公示确定，州扶贫办进行抽查验收后，对符合条件的扶贫

① 泽库县两项制度有效衔接试点工作办公室．泽库县2009年两项制度有效衔接试点工作报告（内部资料）．2010.

开发对象，由县扶贫部门建立贫困户档案，进行扶贫开发。

经过上述各环节工作，共识别出最低生活保障对象 2021 户 7300 人，占总人口的 11.5%；扶贫开发对象 8129 户，32490 人（其中：扶贫低保户 1660 户，6658 人；扶贫户 6469 户，25832 人），占总人口的 51%。[①]具体工作中，对识别出的两种对象、三种类型牧户明确了资金支持途径：采取因户制宜的方式，对无劳动能力的牧户从低保资金中予以救助；对生活特别困难又有一定劳力的特困户，通过民政低保予以救助，适度购买生产母羊予以扶持，再进行必要的养殖业等实用技术培训；对具有劳动能力、还没有富裕的牧户，本着“有利于发展经济、有利于增加收入”的原则，通过产业化发展项目和劳动力转移培训等进行扶持。应保尽保对象：通过民政部门的低保资金，实行救助。应保应扶对象：既通过民政低保资金进行救助，又通过扶贫资金对其产业发展需求项目和技术培训等进行扶持，支持其发展经济，达到增加收入、逐步走向富裕的目的。扶贫资金从财政扶贫资金中进行支持。应扶尽扶对象：单纯通过扶贫资金对牧户的产业发展需求项目和技术培训等进行扶持，支持其发展经济，达到增加收入、加快脱贫致富步伐的目的。扶贫资金同样从财政扶贫资金中进行支持。

3. 全力抓好建档立卡工作

鉴于两项制度试点工作没有统一的计算机录入管理系统软件的实际，泽库县不等不靠，根据识别出的民政、扶贫两种对象情况，狠抓计算机输入档案工作。县扶贫办按开展的贫困人口建档立卡调查表进行了建档，共完成扶贫开发对象建档 8129 户、32490 人。县民政局按原有表格完成建档 2021 户、7300 人。根据国务院扶贫办、省扶贫开发局要求，泽库县扶贫办按低收入贫困户信息管理系统软件，组织人员，加班加点，完成扶贫开发对象信息录入 8129 户、32490 人，并上报给了省扶贫开发局、国务院扶贫办。[②]

4. 编制扶贫开发计划，落实实施

编制一个结合泽库县实际，又着眼全县产业发展的规划，是搞好泽库县两项制度有效衔接试点工作的基础，也是推动泽库县扶贫开发事业的前提。

---

① 泽库县两项制度有效衔接试点工作办公室．泽库县 2009 年两项制度有效衔接试点工作报告（内部资料）．2010.

② 泽库县两项制度有效衔接试点工作办公室．泽库县 2009 年两项制度有效衔接试点工作报告（内部资料）．2010.

因此，泽库县两项制度试点工作领导小组办公室专门抽调 9 名业务骨干协同县有关部门与乡镇政府，根据扶贫开发对象的项目需求和培训需求，在合理分析全县各区域发展优势的基础上，编制了《泽库县两项制度有效衔接试点扶贫开发产业发展规划》（下简称《规划》）。该《规划》共有 11 类产业化项目：购买生产母羊项目、小卖部项目、购买农用车项目、运输业项目、服装加工项目、银制品加工项目、石雕刻制项目、种植业项目、畜牧及土特产品经销项目、黑牦牛奶源基地（购买母牛）项目、其他加工项目，项目总投资为 10869 万元；共需完成培训 8129 人，需投入培训费 853.6 万元。在扶持规划编制完成而扶持项目还未落实时，泽库县对扶贫对象的政策扶持超前安排、超前落实。一是将国务院扶贫办安排的人畜饮水项目 600 口井都安排给试点中确认的缺水扶贫对象；二是本溪对口援助项目 30 栋暖棚全部安排给扶贫对象；三是在游牧民定居房建设中对试点中识别出的扶贫对象也进行了优先安排；四是县民政局对确定的 2021 户、7300 人农村低保对象发放了上半年低保资金 310.626 万元；五是开展了扶持证的发放工作。县扶贫办结合县情实际，统一定做了 8500 本《泽库县低收入牧民扶持证》，并进行了发放。[①]

三、最低生活保障与扶贫衔接试点运行中的问题

选择泽库县作为农村最低生活保障与扶贫开发衔接试点，是国务院扶贫办根据客观实际经过深入调查后确定的，其目的是通过试点探索青海藏区牧民脱贫致富的新途径，并加以推广。通过这次活动的开展，积累了一定的经验，为今后这项工作的全面推广打下了坚实的基础，但在开展试点工作的过程中，同时也反映出了诸多问题，其突出问题表现在以下方面。

（一）牧民对两项制度衔接试点工作认识有偏差

虽然各项准备工作就绪后，试点县召开两项制度有效衔接试点工作动员大会， 统一部署两项制度有效衔接试点工作，同时采取了多种形式，广泛宣传相关政策。但是，广大群众仍没有理解农村低保与扶贫开发政策有效衔接的重要意义，一些牧民对两项制度有效衔接试点工作的精神没有吃透，总认为搞两项制度衔接就只是解决牧民吃低保的问题，争着抢着当低保户。由于

① 泽库县两项制度有效衔接试点工作办公室．泽库县 2009 年两项制度有效衔接试点工作报告（内部资料）．2010.

泽库县经济和社会发展严重滞后，加之艰苦、封闭的自然环境，群众的思维方式落后，思想观念僵化，等、靠、要思想严重，对新知识、新观念、新政策缺乏敏感和热情。因此，对政府的依赖程度强，平均主义思想较为突出，多数群众普遍认为“要吃低保大家吃，要进扶贫对象大家进”。

（二）家庭收入难以核实

核定农村家庭收入是定位农村低保对象的首要入关口。种植养殖收入、多种经营收入、村集体补助等都是农村家庭收入的来源。种植养殖收入受自然灾害的影响较大，多种经营收入的不稳定以及一些临时性的收入，导致家庭收入的不稳定。农村家庭收入的复杂性、多样性和不稳定性造成收入核定在一定程度上存在困难。低保实行的是差额救助，因而如何核算低保对象的家庭收入成为关键的环节。目前采用的是“农民人均纯收入”的办法（核定家庭收入的计算方法为：家庭纯收入 = 种植收入 + 养殖收入 + 多种经营收入 + 其他各项收入 – 生产成本；人均纯收入 = 家庭纯收入 / 家庭常住人口）来计算。但在工作中，由于程序复杂、项目繁多、计算烦琐而难以具体实施，工作人员在如何认真计算、核算方面，也很难规范。例如，农村居民收入难以货币化、收入不稳定、老人的赡养费收入无明确性等。

（三）缺乏有效的退出机制

贫困现象本身是一个动态的发展过程，贫困的发生有诸多不确定因素。因此，对贫困人口的认定也是一个动态的过程，一些贫困人口通过帮扶发展能脱贫，同时一些非贫困人口在遭遇重大疾病、灾害时也会面临贫困。然而，动态管理机制的缺失，退出机制的不完善，主要由于农村低保制度实施过程中福利依赖现象的普遍存在。多数农村低保家庭仅仅依靠农业收入以及出卖体力劳动来维持基本生活，抵御外在风险的能力很弱。当劳动换取的收入低于或者稍高于每月的低保金时，他们宁愿依赖每个月的低保金也不愿意通过自己的劳动获取微薄的收入。福利依赖的结果会造成大量的懒汉，而且他们也更不愿意退出低保的救助体系。具有劳动能力的农村贫困人口无法退出，而因灾因病新产生的贫困人口又无法被及时纳入，农村最低生活保障制度“应保尽保”成为形式。对于扶贫开发对象来说，帮助其摆脱贫困，走上脱贫致富的道路是最终的目的。扶贫开发的政策资源是有限的，那些已经脱贫的农村居民不能及时退出帮扶政策的覆盖范围，既浪费了扶贫开发资源，也不利于提高贫困人口的全面脱贫。

（四）最低生活保障标准低，资金落实不到位影响工作进度

农村低保对象的指标基数小，没有做到真正意义上的“应保尽保”。这次试点中这一问题再次凸显出来，泽库县人均收入960元以下的人口中有10729人仍未进入低保。[①] 由于贫困面大，地方财力有限，拿不出更多的配套资金落实农村低保，从而，各地也只能下达指令性计划，尽量把标准降低，增大覆盖面。泽库县按照两项制度试点工作时间及进度安排，在规定的时间内完成了宣传动员；制订工作计划；识别对象；登记造册和建档录入等环节。在资金落实和实施方面，由于扶持的产业化项目资金不到位，应扶持的项目未能得到及时扶持，工作较为被动。

四、下一步具体完善的措施

基于以上对存在问题的分析，按照《泽库县两项制度有效衔接试点扶贫开发产业发展规划》，对下一步完善农村低保和扶贫开发两项制度衔接工作提出如下政策建议。

（一）加强组织领导，做好农村最低生活保障、扶贫开发对象的动态管理工作

建议成立泽库县“农民低保和扶贫开发政策”有效衔接工作领导小组，由县政府主要领导任组长，分管扶贫和民政工作的领导任副组长，县政府办、扶贫、财政、民政、残联、统计等部门为成员，领导小组下设办公室，办公室设在扶贫局，扶贫局局长兼任办公室主任；要准确找出扶贫对象。在充分借鉴上一轮建档立卡的成果和民政低保对象识别的成果，努力做到程序完善、指标科学、方法民主，对上轮建卡贫困户中已经脱贫的进行淘汰，同时，吸收符合新标准的对象。按照民政、扶贫相关政策，做好对农村低保、扶贫开发对象的动态管理工作；对贫困人口的识别和帮扶要坚持有进有出，科学合理的退出机制。基层工作组织要及时了解贫困人口的生活情况，对于脱贫的

---

① 泽库县两项制度有效衔接试点工作办公室．泽库县2009年两项制度有效衔接试点工作报告（内部资料）．2010.

贫困人口要及时退出，对具有一定劳动能力的低保对象要及时调整对其的帮扶政策。同时，对于新出现的贫困人口要及时了解其贫困状况，按照一定的识别程序将其纳入到贫困帮扶的对象中；对确定的扶贫开发对象和农村最低生活保障对象，原则上以年度为单位实行动态管理。最低生活保障对象通过生活救助和扶贫开发，其收入超过低保标准的，按照规定办理退保手续，列入扶贫开发对象或一般农户；扶贫开发对象通过扶贫开发，其收入超过扶贫标准的，列入一般标准，停止享受相关扶贫开发政策的扶持。对因病、因残、因灾等突发原因致贫的，符合享受低保政策的贫困人口，及时纳入低保范围；符合享受扶贫开发政策的贫困人口，要作为扶贫开发对象予以扶持。

（二）加大宣传力度和资金协调力度，分步骤实施扶持项目

继续加大农村低保与扶贫开发政策的宣传，使广大群众进一步加深对新阶段扶贫开发工作的认识和理解，通过国家必要的救助和扶持，树立自力更生、脱贫致富的信心；结合“十二五”扶贫开发规划的制定，进一步加强资金协调力度，有计划、分步骤地实施扶持项目，做好对已审核确定扶贫对象的扶持工作。重点在扶贫贴息贷款、产业扶贫项目、劳动力转移培训、移民扶贫、科技扶贫等方面给予扶持，努力完成产业项目的实施及实用技术培训任务。制定产业到户、科技到户、基础设施到户、社会帮扶到户和医疗保障到户在内的五类新政策，加上原有的包括互助资金、培训、扶贫移民和到户贴息贷款在内的四类原有的政策在内的“5+4 到户扶持政策”。将扶贫部门的工作重心调整到提高贫困户的自我发展能力上来，按照每个贫困户 2000 元落实到户帮扶资金，采取多种形式落实到户。一是采用合作制，实施产业到户扶持。把产业资金作为扶贫对象加入专业合作组织入股资金或者龙头企业、专业大户入股资金发展产业增收。二是采取委托制，实施科技到户扶持。通过合同形式，向科研院所、龙头企业、专业合作组织、专业大户和乡土实用技术人员购买技术服务。三是采取补贴制，实施社会保障到户扶持。对贫困户参加养老保险、农村新型合作医疗个人缴费给予扶持资金补贴。四是采用互助式，实施金融到户扶持。加快建立村级互助资金组织，扶贫对象入社基准互助金由财政扶贫资金缴纳，保障贫困户享有收益权和优先借款权，对扶贫对象在银行小额贷款实行贴息。五是采用搬迁式，实施扶贫移民。进一步提高补助标准，加大对贫困户易地搬迁力度，不断改善贫困群众生产生活的环境。六

是进行免费的到户培训。对扶贫对象户开展全免费的创业培训、转移就业培训、实用技术培训，对贫困户子女就读中职全免费。考虑到扶贫部门的资金能力，要求按照每年扶持20%贫困户的进度，力争用五年时间实现贫困农户全覆盖。

（三）锁定交叉对象进行管理，整合扶贫和民政最低生活保障资源

按照开发能力，把对象分为完全可开发扶贫对象、不完全可开发扶贫对象、完全可开发低保对象、不完全可开发低保对象和完全不可开发低保对象五种类型。根据分类，扶贫部门和民政部门将识别出来的对象统一组织造册登记，进行两项制度衔接，重点锁住交叉对象进行管理，联合对其实施对应的扶持政策。对不完全可开发扶贫的对象，按5%的比例，给予2000元以内生产贷款的利息补贴。在此基础上，对家庭成员中完全丧失劳动能力的人口，按农村低保金发放标准发给生活救助资金；对完全可开发低保对象和不完全可开发低保对象在享受低保的同时，发放1000元的村级互助资金借款，帮助发展生产；对完全不可开发低保对象，提高他们的低保标准，每人每年再补助100元生产资金，并在建房、上学、就医等方面予以扶持。

（四）争取国家政策和财政资金的支持

鉴于在试点工作中由于指标限制，部分既无劳动能力，收入又明显低于扶贫标准的困难群众无法实现“应保尽保”的实际。建议国家尽快研究出台相关政策措施，确保两项制度有效衔接工作取得实实在在的效果；建议国务院扶贫办应根据泽库县经济发展水平和财政收入状况，在今后的两项制度有效衔接试点工作中，考虑适当安排试点工作的专项资金。

五、小结

从1986年开始的扶贫开发一直延续至今，基本解决了有劳动能力的贫困农牧民的温饱问题，但对没有劳动能力或有部分劳动能力的贫困农牧民，仅通过扶贫开发还不能完全脱贫。因此，要求扶贫开发与农村低保制度衔接。农村最低生活保障制度的建立，对没有发展能力的贫困人口做出了兜底性制度安排，通过救助维持其基本生存；同时，通过扶贫开发对具有发展能力的贫困人口给予多方面的支持，促进其脱贫致富。实行两种政策地有效衔接，

是农村脱贫致富、建设小康社会、消除绝对贫困的现实需要，也是加快经济社会发展的需要。泽库县为青海藏区典型的贫困县之一，被定为国家第一批“两项制度衔接”试点县。“两项制度衔接”的目的是识别出扶贫开发户、低保户和扶贫开发低保交叉户，对三种类型牧户分别采取不同的脱贫措施；对具有劳动能力，还没有富裕的扶贫开发户，本着“有利于发展经济、有利于增加收入”的原则，通过产业化发展项目和劳动力转移培训等由扶贫部门进行扶持；对无劳动能力的低保户，通过民政部门的低保资金，“应保尽保”实行救助；对生活特别困难又有一定劳力的特困交叉户，既通过民政低保资金进行救助，又通过扶贫资金对其产业发展需求项目和技术培训等进行扶持。如果这项工作进展顺利，会减轻农牧区低保的压力。泽库县在这方面做了大量工作，但还仅仅是开始，关键是识别出三种类型的贫困后如何针对不同类型采取分类施救措施，这里直接涉及的是民政局和扶贫开发局两个部门，如何协调分工也非常关键。

第七章　青海藏区农（牧）区最低生活保障调查与分析①

通过以上各部分对青海藏区农（牧）区最低生活保障制度的分析发现，农村最低生活保障制度在政策制定、实际运行中存在诸多问题。为进一步了解农牧民对这一制度实施后的真实反应，精准地发现问题、解决问题，课题组于 2011—2012 年在青海藏区进行了问卷调查及深度访谈，之后对调查及访谈的信息资料进行汇总、整理和分析，现陈述如下。

一、青海藏区农（牧）区最低生活保障调查的目的

此次对青海藏区农（牧）区最低生活保障调查的主要目的是：全面、真实地了解青海藏区农（牧）区最低生活保障制度在实际运行过程中存在的问题，从而为改善青海藏区农（牧）区困难群众的生活状况，促进青海藏区农（牧）区最低生活保障的发展提供实践依据。

二、青海藏区农（牧）区最低生活保障调查的主要过程

为确保整个调查过程的顺利实施，课题组的这项工作得到了青海省民政厅、青海省财政厅的大力支持，以及青海大学财经学院 2007 级、2008 级财政学专业藏区学生的共同参与。在调查之前，围绕调研核心问题进行了充分酝酿、讨论，进一步明确了工作的重点，对调查的对象、内容、方法、时间等方面进行了周密的设计和策划，并撰写了调研方案。同时，还特邀了青海大学的专家和学者参与此次调查并指导。

（一）调查方法

以问卷调查和深度访谈相结合的方法进行调查，调查人员深入藏区采用面对面问答的方式填写调查表。在青海藏区农（牧）区六州九县进行入户调查，并有针对性地对具有代表性的农牧民和民政干部进行深度访谈。最后，对收集到的资料整理进行统计分析。

---

① 本部分内容 2014 年已投稿《地方财政研究》，通过二审，并已收到采稿通知，等待发表，题目为：《青海藏区农牧区最低生活保障调查与分析》。

（二）调查对象

此次调查的对象为青海藏区六州各县的农牧民，包括农牧民低保户和一般农牧民，共发放调查问卷 200 份，收回有效调查问卷 182 份，问卷回收率为 91%。通过表 7–1 可以看出，调查对象分布于藏区六州九县，既包括比较富裕的祁连县，也包括相对贫穷的海晏县；既有海拔较高的三江源地区（海拔 4000 米以上）的治多县、玉树县、久治县、玛多县纯牧区，也有海拔相对较低（海拔 2200 米左右）的贵德县农区，以及都兰县、祁连县半农半牧区，这里还有 2009 年最早实施农村低保与扶贫开发相衔接的试点县——泽库县。样本的选取覆盖面广，能反映青海藏区各县的不同情况，具有代表性。为了了解低保户和一般农户对低保制度的认知情况，调查对象中分别抽取了一定数量的低保户和一般农户，而且低保户的数量多于一般农户，低保户占比 57.7%，一般农户占比 42.3%。[①]

表 7–1　青海藏区农牧区低保制度调查对象分布状况

藏区各州	藏区各县	调查对象数(户)	低保户（户）	一般农户（户）
海南州	贵德县	20	12	8
海北州	祁连县	20	11	9
	海晏县	21	12	9
海西州	都兰县	20	10	10
黄南州	泽库县	20	13	7
玉树州	治多县	21	12	9
	玉树县	20	11	9
果洛州	久治县	20	14	6
	玛多县	20	10	10
合计	—	182	105	77

资料来源：根据调研计划整理

访谈对象为青海省财政厅社会保障处干部、青海省民政厅社会救灾处和救助处干部，藏区各州县、乡民政干部，藏区农牧民代表。其中，采访各级民政干部 15 人次，藏区农牧民代表 32 人次，合计 47 人次。

① 本部分内容中的数据资料均来自调查。

（三）调查时间

此次调查从2011年1月开始至2012年8月结束，历时20个月，分为制定调查方案、设计调查表和访谈提纲、修改调查表、再调查、深度访谈等环节。具体安排为：

2011年1月1日—1月10日，进行调查前的准备，包括调查方案的制定、问卷的设计、图表印刷等；

2011年1月11日—4月30日，进行初次入户问卷调查、深度访谈；

2011年7月29日，修改问卷调查表和访谈提纲；

2011年8月3日—8月13日，进行再次入户问卷调查、深度访谈；

2012年7月4日—7月10日，前往青海省财政厅社会保障处、青海省民政厅社会救助处和救灾处登门拜访；

2012年7月26日—8月5日，就之前调查进行回访和补充。

（四）调查内容

1. 问卷调查的内容

问卷调查表的内容包括三方面共29个问题。具体内容是：

户主特征包括：户主性别、户主年龄、户主婚姻状况、户主受教育程度、户主健康状况和户主所从事的职业等问题。

家庭基本情况包括：家庭人口数、家庭类型、住房状况、人均住房面积、家庭饮用水源、家庭炊事用主要能源、家庭成员的基本健康状况、家庭成员如果生病是否就医、家庭劳动力总数、家庭收入的主要来源、家庭困难的主要原因、如果有经济困难通过什么渠道解决、需救助项目以及家庭每年的基本生活消费支出等问题。

农牧民对低保制度的认知度与认同感：是否知道农村低保、是否提出低保申请、如果提出低保申请是否获得低保、没有提出低保申请的原因、对当前农村低保给付标准的看法、对农村低保给付方式的看法、农村低保制度是否做到了应保尽保、在执行过程中是否公平，以及提出存在的问题和改进的地方等问题。

2. 深度访谈的内容[①]

为了掌握更加充足的材料来全面、真实地反映青海藏区农（牧）区最低

① 对财政干部的访谈，仅就低保资金支出和低保政策等问题咨询和了解，没有单独的访谈提纲。

生活保障在执行过程中存在的问题，课题组成员走访了青海藏区农（牧）区六州九县的15位民政干部、32位农牧民。其中：12户一般农牧民和20户农牧民低保户。深度访谈的内容具体有：

针对民政干部，访谈内容主要有：①所在部门和负责的主要工作；②介绍所在区域的最低生活保障状况；③所在区域建立农（牧）区最低生活保障制度以来取得的成绩；④所在区域农（牧）区最低生活保障制度的救助标准和申报程序；⑤农（牧）区最低生活保障制度在实际执行过程中存在的问题；⑥运用实例对农（牧）区最低生活保障制度的正面和反面情况进行总体评价；⑦农（牧）区最低生活保障制度还有哪些地方需要改进等。

针对一般农牧民，访谈内容主要有：①对农（牧）区最低生活保障制度的了解程度，是通过什么途径了解低保的；②家庭成员、家庭收入以及在村里所处的位置；③家庭收入和支出的具体项目；④对农（牧）区最低生活保障申报程序的了解程度；⑤农（牧）区最低生活保障制度在实际执行过程中是否透明、公开和公正；⑥对农牧民最低生活保障户有什么看法；⑦如果陷入家庭困难，是否会申领最低生活保障金；⑧农（牧）区最低生活保障制度在执行过程中存在哪些问题，还有哪些地方需要改进；⑨对农（牧）区最低生活保障制度进行总体评价。

针对农牧民低保户，访谈内容主要有：①对农（牧）区最低生活保障制度的了解程度；②介绍家庭成员、家庭收入、困难情况；③家庭收入和支出的具体项目；④对农（牧）区最低生活保障申报程序的了解程度，具体了解到什么程度；⑤农（牧）区最低生活保障制度在实际执行过程中是否透明、公开和公正；⑥申请最低生活保障金，当初主要基于什么考虑；⑦农（牧）区最低生活保障制度在执行过程中存在哪些问题，还有哪些地方需要改进；⑧对农（牧）区最低生活保障制度进行总体评价。

三、青海藏区农（牧）区最低生活保障调查的基本情况分析

本部分内容从四个方面展开分析：样本户基本情况、样本户对最低生活保障制度的认知度和认同感、民政干部对最低生活保障的熟悉程度、农牧民对最低生活保障制度的了解情况。前两个方面的内容通过问卷调查的资料分析，后两个方面通过深度访谈进行分析。为了能够说明问题，一部分内容有

必要把一般农牧民和农牧民低保户区分开来，进行比较分析；另一部分内容分开比较没有意义，所以综合起来进行分析。这部分基本情况分析和问卷调查表内容和深度访谈提纲的内容不完全一致，进行了归纳汇总。

（一）样本户基本情况

在本次调查中，课题组从青海藏区六州九县抽取了200户农牧民作为样本户，最终取得样本182户，对这些样本户的基本情况可以从样本户主特征和家庭基本情况两个角度进行分析。

1. 样本户户主特征

户主是一家之主，在中国传统家庭中一般为男性。样本户户主特征可以从性别、年龄、受教育程度、健康状况、从事的职业五个方面进行分析。

（1）样本户主的性别

在接受调查的182户农牧户中，男性户主141户，占比77.47%；女性户主41户，占比22.53%。其中105户低保户中，男性户主69户，占比66.07%；女性户主36户，占比33.93%。77户一般农户中，男性户主72户，占比93.75%；女性户主5户，占比6.25%。

表7–2 样本户主性别特征统计表

样本户主性别	总样本户		一般农户		低保户	
	户数（户）	占比（%）	户数（户）	占比（%）	户数（户）	占比（%）
男	141	77.47	72	93.75	69	66.07
女	41	22.53	5	6.25	36	33.93
合计	182	100	77	100	105	100

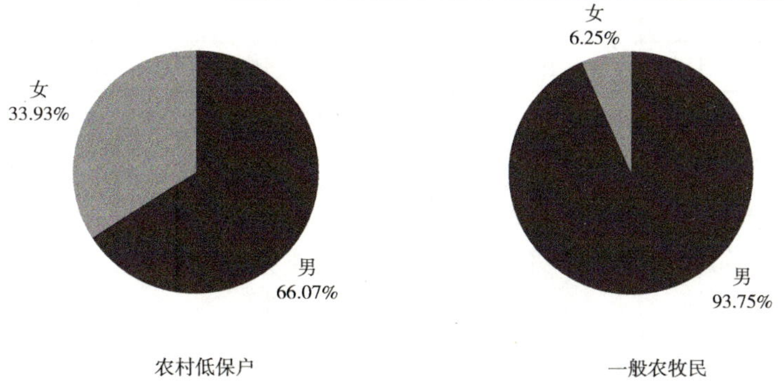

图7–1 一般农牧民与低保户户主性别比较

从户主性别方面分析，一般家庭以男性为户主属正常现象，以女性为户主，说明家庭有残缺或缺少劳动力。农牧民低保户户主为女性的比例（33.93%）高于一般农牧民家庭户主性别为女性的比例（6.25%），这在一定程度上反映出农牧民低保户家庭有残缺或缺少劳动力，是造成家庭生活比较困难的原因之一。

（2）样本户主的年龄

从户主的年龄特征看，20 岁以下的户主，样本户平均为 1.65%，其中农牧民低保户的比例为 2.86%，一般农牧民为 0，农牧民低保户有 3 户是孤儿，年龄均未满 18 岁。农牧民低保户处在 39 岁以下和 55 岁或 60 岁以上年龄段的户主比一般农牧民高，而处在 40 ~ 55 岁或 60 岁年龄段的户主比一般农牧民低（表 7–3），这说明处在两头的小孩正值身体发育阶段，没有父母和家人的照顾，失去劳动能力的老人又没有生活来源是造成贫困的原因，需要救助，而且农村低保人口多数为中老年人。

表 7–3　样本户主年龄结构统计表

户主年龄结构	样本户		一般农牧民		农牧民低保户	
	人数（人）	占比（%）	人数（人）	占比（%）	人数（人）	占比（%）
20 岁以下	3	1.65	0	0	3	2.86
20 ~ 29 岁	13	7.14	4	5.19	9	8.57
30 ~ 39 岁	20	10.99	7	9.10	13	12.38
40 ~ 49 岁	54	29.67	28	36.36	26	24.76
50~54 岁或 50~59 岁	59	32.42	26	33.77	33	31.43
55 岁或 60 岁以上	33	18.13	12	15.58	21	20.00
合计	182	100	77	100	105	100

注：50 ~ 54 岁或 50 ~ 59 岁表示 50 ~ 54 岁的女性或 50 ~ 59 岁的男性；55 岁或 60 岁以上表示 55 岁以上的女性或 60 岁以上的男性

（3）样本户主受教育程度

农村低保人口的贫困不仅是经济贫困，更是文化贫困，两者往往形成恶性循环。

从表 7–4 中可以看出，户主受教育的程度普遍较低，小学教育及以下水平的户主平均占 85% 以上，高中教育及以上水平的户主平均仅占 2.2%，说明农牧民整体受教育的程度较低。农牧民低保户与一般农牧民比较，低保户的受教育程度更低，没上过学的低保户占比近60%，高中及以上水平的为零。可以看出，文化水平低是导致藏区贫困率高的主要原因。

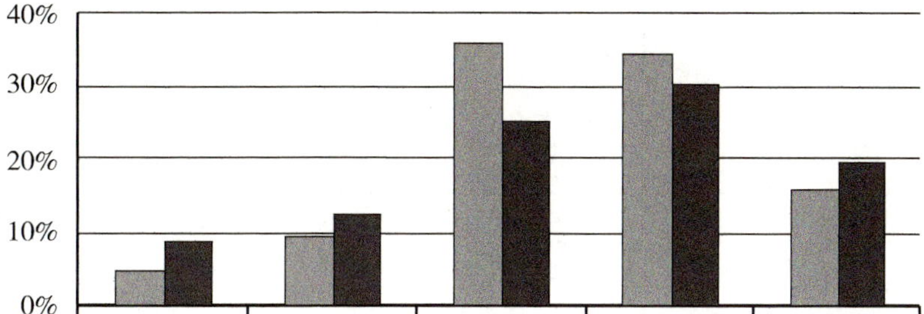

	A	B	C	D	E
一般农牧民	5.19%	9.10%	36.36%	33.77%	15.58%
农牧民低保户	8.57%	12.38%	24.76%	31.43%	20.00%

图 7-2　一般农牧民与农牧民低保户户主年龄比较

［注：A: 20 ~ 29 岁；B: 30 ~ 39 岁；C：40 ~ 49 岁；D：50 ~ 54 岁（女性）或 50–59 岁（男性）；E：55 岁及以上（女性）或 60 岁及以上（男性）］

表 7-4　样本户主受教育程度分析

户主受教育程度分类	样本户		一般农牧民		农牧民低保户	
	人数（人）	占比（%）	人数（人）	占比（%）	人数（人）	占比（%）
没上过学	87	47.80	25	32.47	62	59.05
小学	70	38.46	32	41.56	38	36.19
初中	21	11.54	16	20.78	5	4.76
高中或中专	2	1.1	2	2.6	—	0
大专及以上	2	1.1	2	2.6	—	0
合计	182	100	77	100	105	100

（4）样本户主的健康状况

从户主的健康状况来看，农牧民低保户户主有慢性疾病或有重大疾病和残疾的比例（57.14%）高于一般农牧民家庭户主的比例（32.47%），表明家庭成员中有疾病或残疾会影响正常的家庭生活，影响从事各种生产劳动和外出打工赚钱，而且还要资金医疗费的支出，造成家庭贫困（表 7-5，图 7-4）。

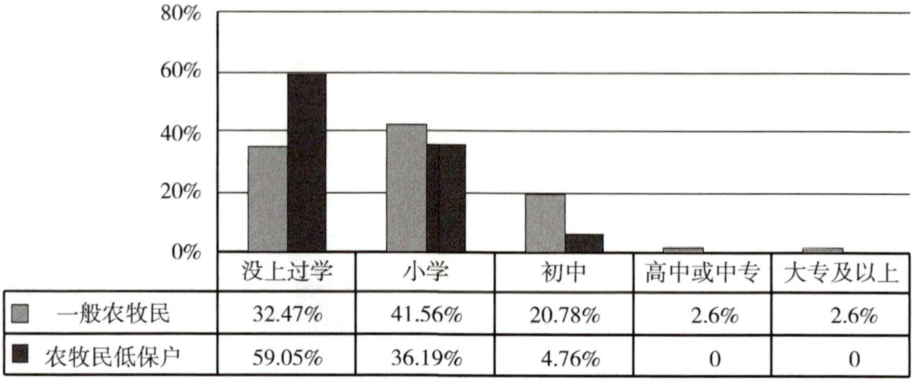

图 7-3　一般农牧民与农牧民低保户户主受教育程度比较

表 7-5　样本户主健康状况分析

样本户主健康状况分析	样本户		一般农牧民		农牧民低保户	
	人数（人）	占比（%）	人数（人）	占比（%）	人数（人）	占比（%）
健康	97	53.30	52	67.53	45	42.86
有慢性疾病但能从事一般劳动	55	30.22	18	23.38	37	35.23
有重大疾病和残疾无法参加劳动	30	16.48	7	9.09	23	21.91
合计	182	100	77	100	105	100

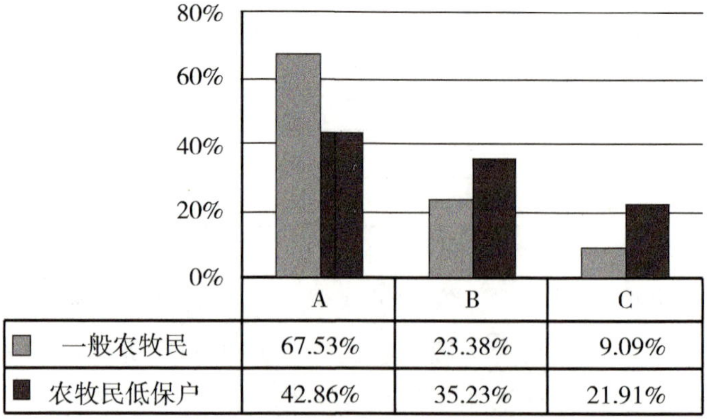

图 7-4　一般农牧民与农牧民低保户户主健康状况比较

（注：A: 健康；B：有慢性疾病，但仍能从事一般性劳动；C：有重大疾病和残疾而无法参加劳动）

（5）样本户主所从事的职业

从农牧民低保户户主所从事的职业来看，主要是在家务农（36.19%）和一边在家务农一边外出打工（12.38%），另外就是其他（46.67%）所占比重较大，其他情况包括无业、做家务、学生等。由此可看出，青海藏区农（牧）区有大量剩余的劳动力，闲置的劳动力无事可做，当然就没有收入；在家务农没有额外收入也会导致贫困。因此，解决他们的就业问题就能有效地缓解藏区的贫困现状。

表 7-6　样本户主所从事职业分析

样本户主所从事职业类型	样本户		一般农牧民		农牧民低保户	
	人数（人）	占比（%）	人数（人）	占比（%）	人数（人）	占比（%）
在家务农	59	32.42	21	27.27	38	36.19
开店摆摊	6	3.30	4	5.19	2	1.90
长期外出打工	13	7.14	10	12.99	3	2.86
一边在家务农一边外出打工	31	17.03	18	23.38	13	12.38
其他	73	40.11	24	31.17	49	46.67
合计	182	100	77	100	105	100

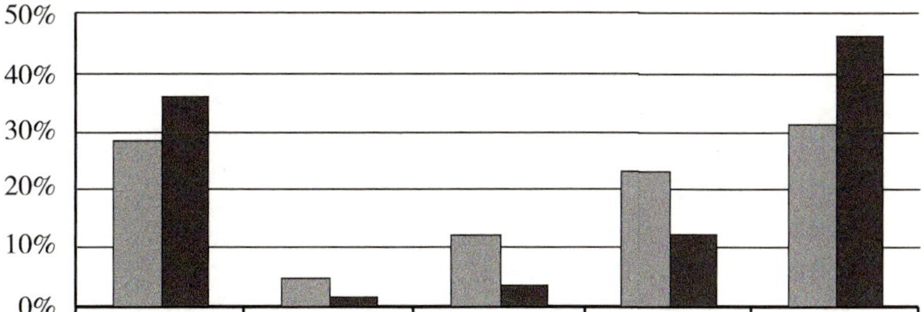

	A	B	C	D	E
一般农牧民	27.27%	5.19%	12.99%	23.38%	31.17%
农牧民低保户	36.19%	1.91%	2.86%	12.38%	46.67%

图 7-5　一般农牧民与农牧民低保户户主所从事职业类型比较

（注：A: 在家务农；B：开店摆摊；C：长期外出打工；D：一边在家务农一边外出打工；E：其他）

2. 样本户家庭基本情况

（1）家庭人口数及家庭劳动力总数

根据图 7–6 可以看出，农牧民低保户家庭人口数为 1 人（10.72%）、2 人（25%）、3 人（16.07%）的家庭较多；一般农牧民家庭人口数为 4 人（35.9%）、5 人（29.69%）、6 人（18.74%）的较多，说明农牧民低保户家庭人口普遍较少，一般农牧民家庭人口较多，家庭人口少劳动力自然会少。

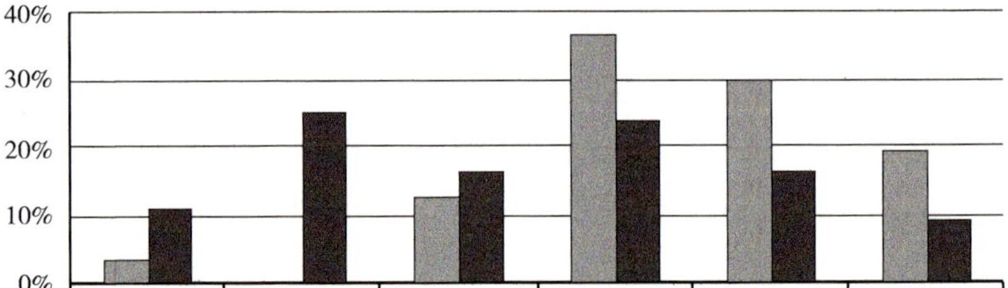

	1人	2人	3人	4人	5人	6人及以上
一般农牧民	3.13%	0	12.50%	35.94%	29.69%	18.74%
农牧民低保户	10.72%	25.00%	16.07%	23.21%	16.07%	8.93%

图 7–6　一般农牧民与农牧民低保户家庭人口数比较

如图 7–7 所示，虽然农牧民低保户和一般农牧民都是家庭劳动力 2 人的所占比重较大。但是，有 16.07% 的农牧民低保户家中没有劳动力，有 31.25% 的一般农牧民家中有 4 人及以上的劳动力。因此，可以看出，农牧民低保家庭缺少劳动力也是导致贫困的原因之一。

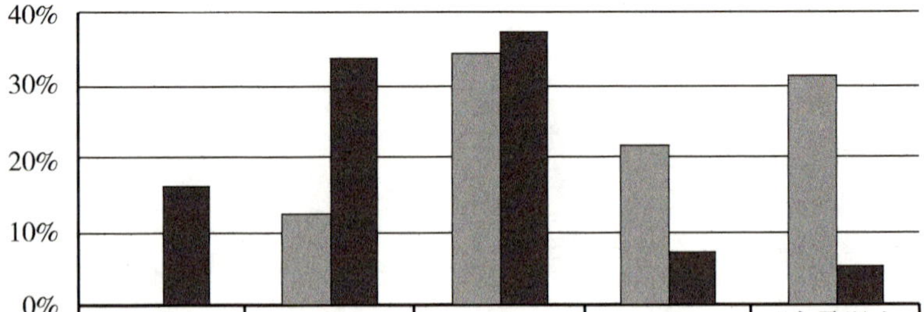

	0人	1人	2人	3人	4人及以上
一般农牧民	0%	12.50%	34.37%	21.88%	31.25%
农牧民低保户	16.07%	33.93%	37.50%	7.14%	5.36%

图 7–7　一般农牧民与农牧民低保户家庭劳动力人数比较

（2）家庭类型

调查可知，尽管一般农牧民家庭和农牧民低保户家庭都以核心家庭为主，但农牧民低保户为单亲家庭（17.86%）和单身家庭（12.5%）的比例均高于一般农牧民家庭。核心家庭意味着家庭中有读书的子女，子女的教育支出是家庭支出的主要部分，而单亲家庭和单身家庭都反映出家庭缺少劳动力，劳动力少就意味着家庭缺少收入来源。

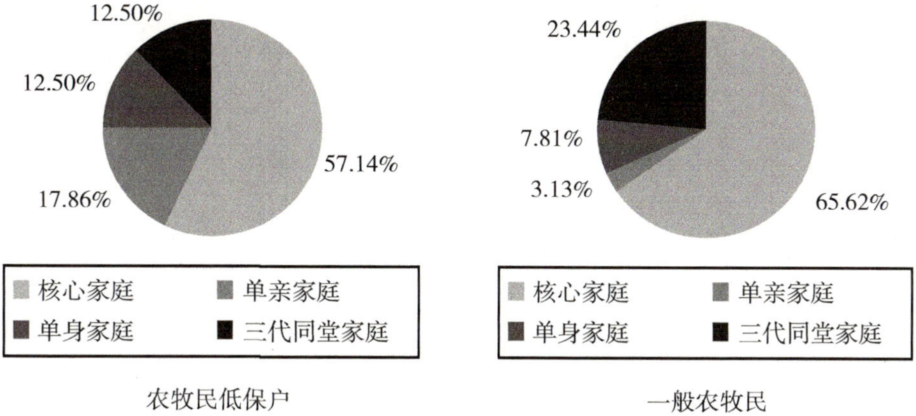

图 7-8　一般农牧民与农牧民低保户家庭类型比较

（3）住房状况

调查的农牧民低保户样本中，自有私房所占的比例（64.28%）最大，无房（1.79%）所占的比例较小，而危房占 7.14%。可以看出，农牧民低保户的住房状况逐渐好转，这是实施危房改造以来取得的成绩。青海藏区农（牧）区贫困群众危房改造工程自 2009 年启动实施以来，将危房改造与游牧民定居工程、小城镇建设、新农村建设、地质灾害搬迁、农村奖励性住房等建设项目统筹结合，积极采用新型节能技术和产品，已完成投资近 10 亿元，有 5 万余户农牧民喜迁新居，受益群体超过 20 万人。但是，租房户仍占 26.79%，这部分人群仍然属于贫困者。

（4）家庭饮用水源

通过调查对比数据可知，多数一般农牧民家庭能够饮用自来水（65.63%），而大多数农牧民低保户以井水（42.86%）为主，还有相当一部分农牧民低保户只能将山上泉水和溪（江、河）水作为饮用水。这表明青海藏区农（牧）区地形复杂，自来水还没有普及，农牧民低保户在日常生活中使用自来水还是奢望。

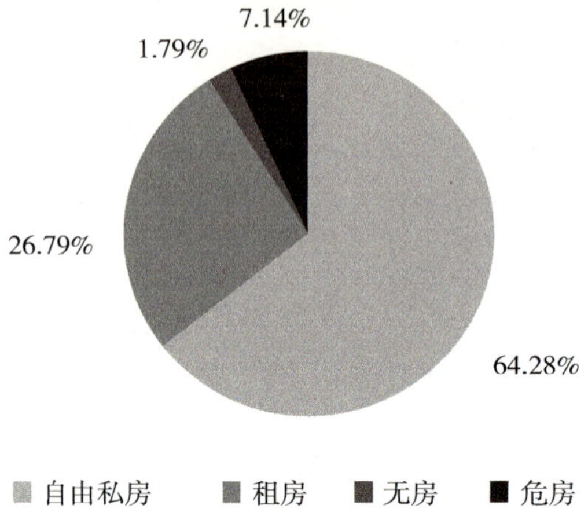

图 7–9　农牧民低保户住房状况

表 7–7　一般农牧民与农牧民低保户家庭饮用水源比较

	自来水	井水	自引山上泉水	溪（江、河）水	其他
一般农牧民（%）	65.63	29.69	3.12	1.56	0
农牧民低保户（%）	25	42.86	14.28	17.86	0

（5）家庭炊事用主要能源

表 7–8　一般农牧民与农牧民低保户家庭炊事用主要能源比较

	柴草	煤	液化气	沼气	电	牛粪
一般农牧民（%）	18.13	45	6.25	0	22.18	8.44
农牧民低保户（%）	33.93	25	0	0	1.78	39.29

在青海藏区农（牧）区，一般农牧民的炊事用主要能源是煤（45%）和电（22.18%），大部分农牧民低保户的炊事用主要能源是牛粪（39.29%）和柴草（33.93%），用电、液化气以及沼气是比较奢侈的。

（6）家庭收入的主要来源

根据表 7–9 中的内容，一般农牧民主要靠种植、养殖为生，有的还外出打工赚钱，而农牧民低保户主要依靠政府的转移支付来维持基本的生活，种植、养殖的收入所占家庭收入比重较小。藏区农牧民经济来源比较单一，在一定程度上反映了青海藏区农（牧）区的支柱产业是牧业，其他产业发展滞后，尤其是工业。

表 7-9　一般农牧民与农牧民低保户家庭收入主要来源比较

	家庭亲属的赡养、抚养费收入	政府转移支付	种植	养殖	打工	亲友资助	财产性收入
一般农牧民 %	1.40	5.62	31.7	32.50	21.2	1.56	6.11
农牧民低保户 %	1.93	80.28	8.57	5.21	0.28	2.59	1.14

（7）家庭成员如果生病是否就医

由图 7-10 可知，一般农牧民和农牧民低保户对生病就医这方面，基本想法没有大的区别，认为大病就医，小病能扛就扛，实在扛不住才到医院就医。其原因是：一方面，医疗卫生事业发展落后，基层医疗技术水平差；另一方面，还是经济困难。

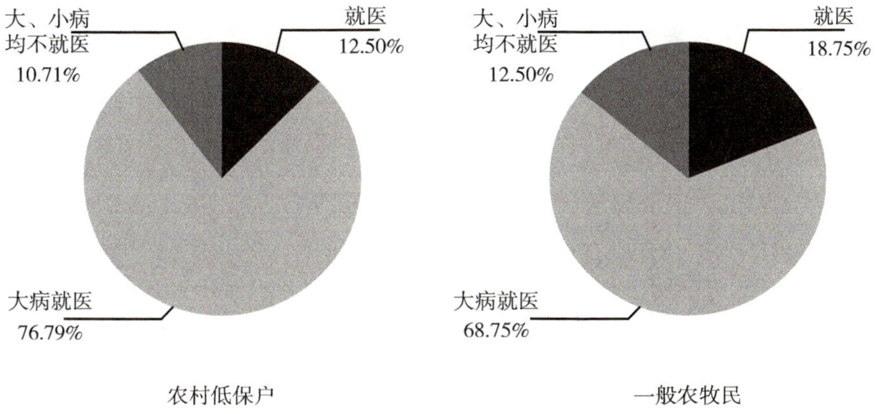

图 7-10　一般农牧民与农牧民低保户就医情况比较

（8）家庭困难的主要原因

通过对 105 户低保户和 77 户一般农户进行调查了解到，一般农户贫困的最大原因是缺少生产性资金和自然灾害，比重分别达到 51.95% 和 20.78%。低保户贫困的最大原因是缺少劳动力，劳动力缺乏是疾病和残疾所致，比重分别达到 90%、52.38% 和 33.33%。除此之外还包括子女就学、自然灾害等原因（表 7-10）。

表 7-10　家庭困难的主要原因统计表

主要原因	低保户		一般农户	
	绝对量（户）	比重（%）	绝对量（户）	比重（%）
缺少生产资金	6	5.71	40	51.95

缺少劳动力	90	85.71	3	3.90
自然灾害	13	12.38	16	20.78
疾病	55	52.38	5	6.49
残疾	35	33.33	2	2.60
子女就学	15	14.29	6	7.79
其他	2	1.9	9	11.68

（9）家庭需要救助的项目

通过调查，农牧民低保户家庭需要救助的项目依次为就医（69.64%）、就业（51.78%）、取暖（48.21%）、住房（46.43%）、就学（33.93%）、交通（25%）以及意外灾害（10.71%）。这说明，完善医疗设施和为农牧民提供就业信息是青海藏区农（牧）区急需解决的问题。相对一般农牧民家庭而言，农牧民低保户的住房状况与取暖情况也不是很理想。

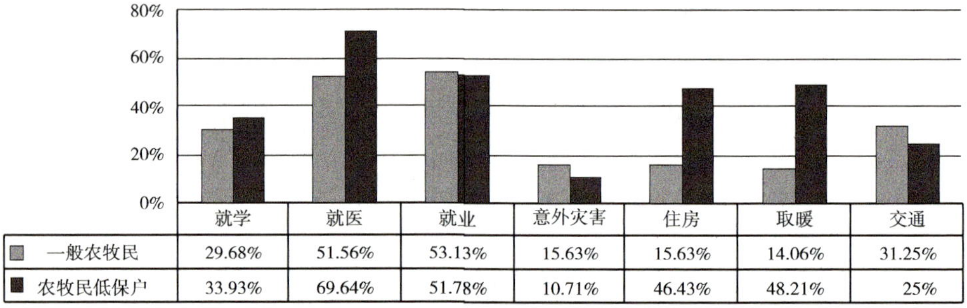

图 7-11　一般农牧民与农牧民低保户家庭需救助项目比较

（二）样本户对最低生活保障的认知度与认同感

农村最低生活保障制度的目标是实现保障标准线下最低收入家庭的“应保尽保”，这就要求该制度首先做到“应知尽知”。

1. 样本户对最低生活保障的认知度

（1）样本户是否了解农村最低生活保障制度

如图 7-12 所示，当问及“您是否知道农村低保”时，有 60.0% 的农牧民回答“知道”，有 1.67% 的农牧民回答“不知道”，还有 38.33% 的农牧民回答“有听说，但不太了解”。在低保家庭中，表示“知道”的比例提高到 96.9%，其余 3.1% 的低保家庭表示“有听说，但不太了解”。调研中发现，低保家庭对于最低生活保障制度有较高的认知度和关注度。

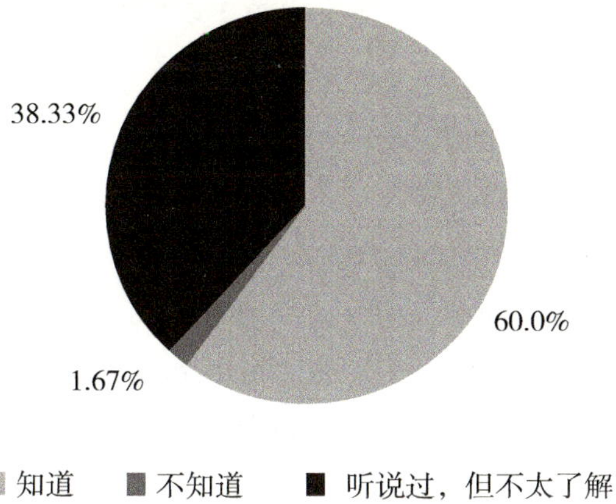

图 7-12　农牧民对农村低保的认知度

（2）样本户是否提出最低生活保障申请

表 7-11　农牧民低保申请情况

	是否提出过低保申请		如果提出，是否获得低保	
	是	否	是	否
户数（户）	120	62	105	15
比例 %	65.94	34.06	87.5	12.5

根据表 7-11，182 户农牧民家庭中，共有 120 户（65.94%）提出了低保申请，其中，获得低保的有 105 户（87.5%），没获得低保的有 15 户（12.5%）。而没有提出低保申请的共有 62 户农牧民。提出低保申请的农牧民家庭最终能够获得低保的比率是比较高的。而没有提出低保申请的原因主要有：

表 7-12　农牧民没有提出低保申请的原因

没有提出低保申请的原因	比例（%）
家庭收入超过了低保标准	46
申请手续烦琐	36
等待时间过长	28
给付标准太低	20
有失脸面或会遭受邻里乡亲的歧视	6
其他	38

其中，有近一半的农牧民是由于家庭收入超过了低保标准（46%）而没有提出低保申请，还有一部分是由于申请手续烦琐（36%）以及认为给付标准太低（20%）。

2. 样本户对最低生活保障的认同感

（1）样本户对农村低保给付标准和给付形式的看法

农户对于保障标准的确定是否为合适的评价，最低生活保障制度能否发挥其应有的功能，关键在于是否确定了合理的最低生活保障标准。在调研中，当向农户问及“您认为当前的保障标准是否合适”时，1.67% 的农户认为确定的农村最低生活保障标准合适，能很好地满足最低收入家庭的基本生活需要；30.83% 的农户认为基本合适，一般能满足最低收入家庭的基本生活需要。受访农户认为“合适”和“基本合适”两项合计占比 32.5%。特别值得注意的是，有 53.33% 的受访农户认为该保障标准较低，难以满足最低收入家庭的基本生活需要；还有 14.17% 的受访农户认为标准太低，难以满足最低收入家庭的基本生活需要。受访农户认为“较低”和“太低”两项合计占比 67.5%（图 7-13）。这说明青海藏区农（牧）区的低保标准还无法满足贫困家庭的最基本生活需要。

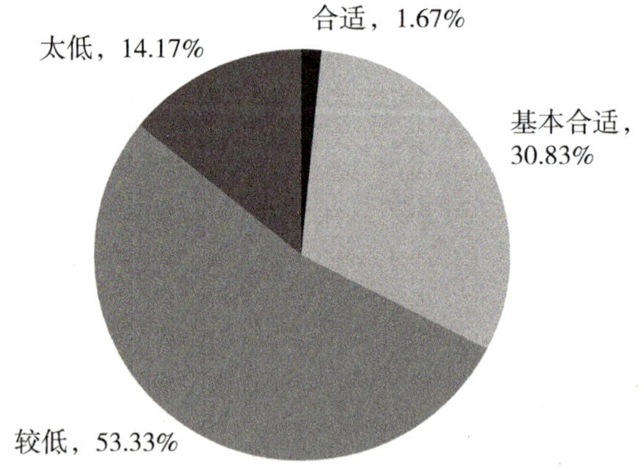

图 7-13　农牧民对低保给付标准的看法

根据图 7-14，有 57.5% 的农牧民认为农村低保的给付形式应是现金与实物结合。对于给付形式而言，不但要定期给予现金补助，而且要适当发放生活物资，以减轻家庭生活的压力。

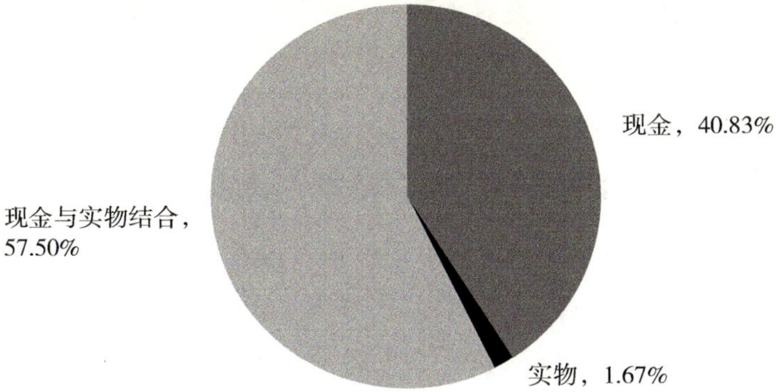

图 7-14　样本户对农村低保给付形式的看法

（2）样本户对农村低保制度的看法

农村最低生活保障制度的政策目标是通过最低保障转移收入将最低收入家庭的收入提高到某一水平，弥补收入缺口，保障基本生活的需要。只有当在制度执行中能够将目标家庭准确地识别出来，并对其实行公平给付时，才能将瞄准对象的收入缺口降到最低限度，达到较高的瞄准效率。

在给付中，保障资金分配的公平性具体体现在两个方面：一是同样低收入状况的家庭应该得到同等水平的给付金额，此为水平平等；二是不同低收入状况的家庭应该得到不同水平的给付金额，且越低收入的家庭应该获得越多的给付，此为垂直平等。

最低生活保障制度的优势在于能对越低收入家庭提供越多的帮助，弥补其收入差距。这就要求保障资金在给付中应该尽可能合理地向越低收入的家庭倾斜。在实施中，即使目标家庭得到了准确瞄准，但如果没有很好地实行合理、公平的给付，特别是越远离保障线的和越需要得到帮助的家庭，如果没有能从制度中获得相对越多的给付，则无法很好地发挥出制度的比较优势，并影响其实施效果。

表 7-13　样本户对农村低保制度的看法

是否做到了“应保尽保”		是否透明、公开、公平	
是（%）	否（%）	是（%）	否（%）
26.67	73.33	48.33	51.67

调查发现，73.33% 的农牧民认为农村低保制度没有做到“应保尽保”，有 51.67% 的农牧民认为农村低保制度没有做到透明、公开、公平。这表明，

目标家庭对给付额度的公平性有更高的期望值，更希望保障资金可以得到公平、合理的分配。可见，青海藏区农（牧）区最低生活保障制度还不够完善，最低生活保障工作还没做到位。

（三）民政干部对最低生活保障的熟悉程度

在青海藏区农（牧）区六州九县以及省民政部门共走访了15名省、县、乡民政干部，占总访谈人数的31.91%。15名民政干部从不同角度围绕藏区农（牧）区最低生活保障制度回答了5个问题：①对于建立农（牧）区最低生活保障制度以来取得的成绩，15名干部认为最低生活保障制度能够保障困难群众的最基本生活需要，低保的覆盖范围逐年扩大，而且其他的救助方式也在不断完善。②最低生活保障制度的救助标准，青海藏区农（牧）区六州的标准2011年为海西州、海南州、海北州1440元/年，黄南州、玉树州、果洛州1500元/年。③农（牧）区最低生活保障制度在实际执行过程中存在的问题，15名干部认为有以下两个问题：一是工作人员较少工作量较大；二是低保制度还不健全。④农（牧）区最低生活保障制度还有哪些地方需要改进，干部们认为：一是要提高救助标准；二是要简化低保申请程序，方便少数民族群众理解；三是要发展地方经济，增强地方财力；四是低保资金要及时发放到农牧民手中，解决他们生活中的困难。⑤对农（牧）区最低生活保障制度的总体评价，15名干部都给予充分肯定，认可率为100%。

表7–14　民政干部对最低生活保障的熟悉程度

访谈内容	调查情况
所在部门和负责的主要工作	乡民政干事；负责对困难群众的救助
建立农牧区最低生活保障制度以来取得的成绩	低保的覆盖范围在不断扩大，保障了更多的困难群众
最低生活保障制度的救助标准	海西州、海南州、海北州1440元/年；黄南州、玉树州、果洛州1500元/年
农牧区最低生活保障制度在实际执行过程中存在的问题	工作人员较少，工作量较大；制度不健全
农牧区最低生活保障制度需要改进的地方	救助标准低；低保申请程序过于烦琐；地方财力不足；资金到位不及时
对农牧区最低生活保障制度的总体评价	都给予充分肯定的评价

（四）农牧民对最低生活保障制度的了解情况

在青海藏区农（牧）区六州九县共访谈了32户农牧民，占总访谈人数的68.09%。农牧民主要回答了以下6个问题：①对农（牧）区最低生活保障制度的了解程度，22户了解，只有10户不太了解。②对农（牧）区最低生活保障申报程序的了解程度，20户都不太清楚低保申报程序，说明大部分农牧民尽管知道低保制度，但对其了解得不够深。③最低生活保障制度在实际执行过程中是否透明、公开、公正，有15户认为透明、公开、公正，其余17户认为没有做到透明、公开、公平。④申领最低生活保障资金基于什么考虑，农牧民认为如果家庭经济陷入困难，为了维持家庭生活会提出低保申请。⑤农（牧）区最低生活保障制度存在哪些问题，20户认为农村低保制度没问题，另12户认为低保的救助标准过低，对非常困难的家庭来说，根本解决不了最基本的生活难题。⑥对农（牧）区最低生活保障制度的评价，32户都给予了基本肯定，认可率为100%。

表7–15　农牧民对最低生活保障制度的了解情况

访谈内容	调查情况
对农牧区最低生活保障制度的了解程度	22户了解；10户不太了解
对农牧区最低生活保障申报程序的了解程度	20户不太清楚；5户了解；7户不了解
最低生活保障制度在实际执行过程中是否透明、公开、公正	15户认为透明、公开、公正；17户认为没有做到透明、公开、公平
申领最低生活保障资金基于什么考虑	解决家庭生活困难
农牧区最低生活保障制度存在哪些问题	20户没有问题；12户救助标准过低
对农牧区最低生活保障制度的评价	32户都给予基本肯定评价

四、青海藏区农（牧）区最低生活保障存在的问题及原因

（一）青海藏区农（牧）区最低生活保障存在的问题

通过调查问卷和深度访谈，总结出青海藏区农（牧）区最低生活保障存在的问题，主要有以下方面。

1. 青海藏区农（牧）区农牧民低保户户主特征方面

从低保户的性别来看，农牧民低保户户主为女性的比例高于一般农民户，女性为户主说明家庭有残缺，缺少主要的男性劳动力；从低保户的年龄看，低保户 39 岁以下和 55 ～ 60 岁以上的人口所占比重较大，老弱病残是致贫的原因；从受教育的程度看，低保户普遍受教育程度较低，小学以下水平的人口占 85% 以上，高中以上文化程度的人口为零；从低保户的健康状况看，低保户家庭有慢性疾病和重大疾病的人口占 57.14%，因病致贫是原因之一；从低保户从事的职业看，基本上是靠从事农业生产维持生计，甚至是闲在家里，还有的家庭是家里有上学的学生。如果一个家庭中家庭成员没有一人掌握能挣钱的专门技能，就没有能力脱贫。通过样本户主特征分析，农牧民低保户之所以贫困，是由于家庭中缺少壮劳力、文化水平较低不能掌握一门挣钱维持家庭生活的技能、孤寡老人多、疾病等原因所致。

2. 青海藏区农（牧）区农牧民家庭基本情况方面

从家庭人口及劳动力方面来看，农牧民低保户家庭人口数量少，家庭人口为 1 人、2 人、3 人的居多，劳动力人口少，劳动力人口为 1 人、2 人的居多，有的家庭甚至没有劳动力，这说明缺少劳动力导致家庭贫困；从家庭类型看，贫困家庭中单亲家庭和单身家庭居多，缺少劳动力和收入来源；从住房情况看，尽管农牧民低保户住房状况是无房和危房的比例较小，但改善他们的住房状况仍很重要；从家庭饮用水源看，由于农牧民住在偏远的干旱山区，地形复杂，自来水还没有普及，农牧民低保户饮用没有经过净化的其他水源，长期饮用会对健康不利，甚至致病；从炊事用主要能源看，农牧民低保户以牛粪和柴草为炊事燃料；从家庭收入来源看，农牧民低保户家庭经济来源单一，主要来源是政府的转移支付。因此可以说明，青海藏区农（牧）区基础设施还不完善，农牧民生活水平依然很低，农牧民低保户的生活水平更低。

3. 青海藏区农（牧）区农牧民对最低生活保障的认知度与认同感

问及对最低社会保障制度的认知度，有 60% 的农牧民知道低保制度，40% 的农牧民不知道或不太了解农村低保，反映出对最低生活保障制度的宣传力度还不够，还没有做到家喻户晓。

问及没有申请过低保的原因，普遍认为，低保标准太低，手续太烦琐，等待时间过长，费时费力很不划算。目前，申请低保的手续是：①农牧民按照属地管理原则，以家庭为单位，由户主本人向常住地村民委员会提出书面申请，并根据家庭成员的不同情况如实提供相应材料。个人申请要写明家庭住址、人口结构和致贫主要原因等基本情况。家庭成员均无民事行为能力的，由村民小组提名并代写申请，报村民委员会初审。②村民委员会审查。③乡镇人民政府审查。④县级民政部门审批。⑤两榜公示。申请程序过于烦琐，加之农牧民的受教育程度低，农牧民很难真正理解。

问及样本户对最低社会保障制度的认同感时，67.5% 的农牧民认为最低生活保障给付标准较低，不能满足基本生活的需要。最低生活保障金只能购买少量生活必需品，无法满足农牧民最基本的生活需要，尤其是对因病、因残、因灾致贫的农牧民家庭来说，低保金不能解决根本问题；57.5% 的农牧民认为给付方式单一，应该将现金与实物相结合。

问及最低生活保障是否做到了“应保尽保”，有 73.33% 的农牧民认为农村低保制度没有做到“应保尽保”。青海藏区农（牧）区贫困面广，财力有限，低保工作确定了总量控制，量力而行，逐步实现“应保尽保”的原则，因而有相当一部分困难群众尚未纳入低保范围。截至 2012 年，青海省纳入农村牧区最低生活保障范围的农牧民共有 38 万人，占全省农牧民总人数的 11.46%，占全省贫困农牧民的 27.46%。藏区农（牧）区六州九县的民政干部都表明由于财力不足，还有相当一部分农牧民尚未纳入低保范围。以海北藏族自治州祁连县为例，祁连县是一个以畜牧业为主兼营小块农业的县，全县总人口 48245 人，其中农牧业人口 35958 人，占全县总人口的 74.53%。当前，全县纳入农牧区居民最低生活保障范围的共有 1644 户 3393 名，保障人数占农牧区总人数的 9.44%。可见，低保保障范围太窄。

问及最低生活保障制度是否做到透明、公开、公平，有 51.67% 的农牧民认为农村低保制度没有做到透明、公开、公平。在和农牧民访谈中，都提到低保对象的确定不合理是青海藏区农（牧）区最低生活保障制度在实际执行过程中存在的首要问题，处在低保边缘的农牧民，其收入虽然略高于最低生活保障线，但是因家庭成员遇到大病或其他原因引起的生活困难，其生活状况反而不如低保人群。

4. 民政干部对最低生活保障工作的看法

基层民政干部认为，青海藏区农（牧）区最低生活保障制度不健全，工作制度不规范，管理不到位。低保工作人员需要准确掌握庞大人群的家庭收入及其变动情况，接受低保申请和咨询，进行情况核实与审批。这些工作客观上要求专门机构中的高素质管理人员运用信息化的手段来实施管理，但目前藏区农（牧）区县乡都是由民政部门下属的社会救助科室监管，缺乏专门的管理机构，缺乏专门的低保工作人员，缺少低保工作经费，这对藏区农（牧）区低保工作的进一步实施影响很大。

（二）青海藏区农（牧）区最低生活保障存在问题的原因

1. 地理环境特殊，自然环境恶劣，贫困程度深

青海藏区农（牧）区面积为69.9万平方千米，占青海省面积的97.1%。藏区农（牧）区6州共辖33个县（市、行委）、233个乡镇、1651个行政村，总人口199万人，其中藏族人口114万人。从全国来看，这6个州是仅次于西藏的藏族聚居区。藏区农（牧）区地处青藏高原腹地，平均海拔3370米，自然环境恶劣，地形复杂，山脉纵横，地域辽阔，也是我国重要的生态屏障之一。受自然、历史、经济基础等因素的影响，与全国其他地区相比，藏区农（牧）区社会经济发展水平很低。截至2012年，全省有94.87万贫困人口，突出问题及矛盾主要集中在藏区。地理位置的偏远使得藏区农（牧）区的经济生产所必需的人力、技术、信息等要素不易获得。先天的地理环境的劣势严重影响着农牧民的基本生活。这也是导致青海藏区农（牧）区贫困率高，农牧民生活水平不高的原因。

2. 经济发展滞后，财力不足

青海藏区农（牧）区经济发展以牧业为主，农业产业化水平低，工业发展滞后，经济发展水平低于青海省平均水平，并且地区经济发展不平衡。除了海西州之外，其他各州基本上没有现代工业。产业结构落后，以第一产业为主，第三产业次之，第二产业发展滞后。海西州由于有大量资源，近年来通过重大项目的开发，经济发展迅速，财政收入不断增加。而海北州、海南州、黄南州、玉树州以及果洛州五州的经济发展主要依靠政府的转移支付，财政支出水平远远高于财政收入水平，特别是黄南、玉树、果洛三个藏族自治州，地处偏远，高寒缺氧，三个州的财政总收入还不及发达省份一个乡镇的年财政收入。此外，由于市场经济发展程度低，政府财政成为社会各项事业投入的唯一来源。2012年，地方一般预算收入只有186.4亿元，一般预算支出为

1188亿元，[1]财政自给率为15.69%，不足20%，地方财政在支持青海藏区农（牧）区经济社会发展方面捉襟见肘，很难有大的作为。因此，地方财力不足，无法为藏区农（牧）区最低生活保障制度的贯彻实施保驾护航。

3. 教育发展落后，人口文化素质低

人口文化素质是人口综合素质的重要组成部分，也是一个地区社会经济发展实力和潜力的体现，而文盲人口[2]是反映一个地区文化素质状况的重要内容。由于青海藏区农（牧）区农牧民居住地海拔高、地域广阔，贫困人口多，而且大多以放牧为生，流动而分散。因此，长期以来，藏区普遍存在义务教育入学率低、文盲多等问题。

2010年，第六次人口普查资料显示，全省15岁及以上年龄文盲人口为57.58万人，文盲率为10.23%。与全国其他省区（市）相比，青海省文盲率水平仍然较高，与全国平均水平及其他省区市的差距仍然较大。2010年，全国文盲率为4.08%，青海省文盲率比全国高6.15个百分点。此外，在公布文盲率的30个省区（市）中，青海省文盲率最高（西藏未公布），和同处后位的贵州、甘肃、宁夏三省相比，文盲率分别高出1.49、1.54和4.01百分点（表7–16）。

表7–16　西部地区文盲率对比

地区	文盲率（%）		
	2000年	2010年	增减
内蒙古	9.12	4.07	–5.05
广西	3.79	2.71	–1.08
重庆	8.9	4.3	–4.6
四川	7.64	5.44	–2.2
贵州	13.86	8.74	–5.12
云南	11.3	6.03	–5.27
西藏	32.5	—	—
陕西	7.3	3.74	–3.56
甘肃	14.34	8.69	–5.65

① 根据2013年关于青海省2012年预算执行情况和2013年预算草案的报告资料整理。

② 文盲人口是指全省15岁及以上人口中，不识字或识字很少，没有达到国务院规定的脱盲标准的人；文盲率是指全省常住人口中15岁及以上不识字人口所占的比重。

地区	文盲率（%）		
	2000 年	2010 年	增减
青海	18.46	10.23	–8.23
宁夏	11.26	6.22	–5.04
新疆	5.62	2.36	–3.26

资料来源：2010 年第六次全国人口普查

从地区文盲率水平差异看，2010 年，黄南州的文盲率为 22.37%，是全省文盲率最高的地区。西宁市是全省文盲率最低的地区，为 3.44%，两个地区的文盲率相差 18.93 个百分点。除西宁、海北、海西三个市（州）的文盲率低于全省平均水平外，其他 5 个州（地）的文盲率都高于全省平均水平（表 7–17）。从文盲人口数量的分布看，西宁市文盲人口为 7.6 万人，占全省文盲人口的 13.2%；海东地区文盲人口为 22.31 万人，占 38.74%；其余六州的文盲人口为 27.67 万人，占 48.06%。

表 7–17　青海省两次普查分地区文盲率

分地区	文盲人口（万人）	占全省文盲人口比重（%）	文盲率（%）		降幅（%）
			2000 年	2010 年	
西宁市	7.60	13.20	10.01	3.44	6.57
海东地区	22.31	38.74	21.37	15.97	5.4
海北州	2.43	4.21	19.57	8.87	10.7
黄南州	5.74	9.97	30.89	22.37	8.52
海南州	7.71	13.39	24.4	17.45	6.95
果洛州	2.17	3.77	35.38	11.94	23.44
玉树州	6.75	11.73	44.9	17.85	27.05
海西州	2.87	4.99	11.16	5.87	5.29

资料来源：2010 年第六次全国人口普查

人口基数少、基础教育薄弱、职业教育落后限制了农牧民素质的整体提高；再加上经济的落后，教育事业的发展受到了各方面的制约。就所调查的 182 户农牧民来说，获得低保的 105 户农牧民家庭中，受教育程度是小学的有 38 户，初中的有 5 户，而有 62 户没有上过学。由此可以看出，受教育程度低是制约家庭增加收入的重要因素。

4. 制度不健全，工作制度不规范，管理不到位

多数藏区县乡机构地处高海拔偏远地区，环境恶劣，基层政权机构基础设施和办公条件十分落后。青海藏区农（牧）区最低生活保障制度处于探索发展阶段，还存在申报、审核、审批手续不完善，操作程序不规范，制度不健全等问题。藏区农（牧）区最低生活保障制度实行年核查制，根据低保对象家庭收入和人员变化，于第二年年初停发、减发或增发保障金。这就严重影响到农牧民低保户的及时调整问题和低保标准的调整时间、调整幅度等。因此，健全低保制度至关重要。另外，藏区农（牧）区民政队伍建设明显滞后，目前各乡镇和村（居、社区）基本上没有专门的农村低保工作机构和稳定的农村低保工作人员，财政部门也没有相应的工作经费补助，管理手段落后，业务水平参差不齐，工作效率低，对藏区农（牧）区众多的低保对象无法行使及时有效的管理和监督。再加上基层工作人员对低保工作不熟悉，操作不规范，造成该保的没保，不该保的保了，违背了最低生活保障制度的宗旨。这些都严重制约了藏区低保乃至社会救助工作的进一步规范管理和长远发展。

5. 科学确定低保对象难度大

低保对象的确定是低保工作的核心环节。尽管在确定低保对象时把家庭经济情况与群众意见相结合， 但是，由于现在农牧民的收入来源趋于多元化，要想准确核定家庭困难的农牧民收入是比较困难的。主要存在以下问题：①核算具有劳动能力的低保对象的隐形收入难；②因经济困难而外出务工农牧民的收入很难测算；③确定与农牧民具有法定赡养、抚养关系并且在一起共同生活的人员的收入难；④由于建房、婚嫁而导致家庭生活陷入困难的农牧民是否列入低保对象；⑤因超生被罚款而造成家庭生活困难的人是否列入低保对象。此外，家庭成员中有经济来源，却不愿意提供劳动报酬证明或者以各种理由少报、漏报、瞒报收入的现象普遍存在。通过调查，绝大多数农牧民认为青海藏区农（牧）区最低生活保障在实际执行过程中最为突出的问题就是低保对象的确定。

五、政策建议

基于以上的分析，对进一步完善青海藏区农（牧）区最低生活保障制度提出如下政策建议。

（一）加强青海藏区农（牧）区最低生活保障工作团队建设，贯彻落实最低生活保障政策

最低生活保障工作人员所面对的对象都是弱势群体、困难群众，所以对低保工作人员的要求较高。要加强低保工作团队建设，有如下建议：①改善工作环境；②加大对低保工作人员的培训，提高其素质；③给予低保工作人员适当的编制和适当的补助。正确认识藏区农（牧）区的贫困问题，实事求是，从藏区农（牧）区实际情况出发，加大最低生活保障力度，逐步做到“应保尽保”。简化低保申请程序，方便少数民族群众理解。

（二）科学确定最低生活保障对象

青海藏区农（牧）区最低生活保障涉及面广、贫困人口多，农牧民居住分散、流动性大，家庭收入来源复杂且变动较大，藏区农（牧）区最低生活保障对象的界定非常困难。因此，在确定藏区农（牧）区最低生活保障对象时，要以青海藏区农（牧）区最低生活保障线为衡量标准，通过全面调查，在准确掌握困难农牧民家庭的人员构成、收支状况、致贫原因等情况的基础上，结合最低生活保障线的标准确定。能够享受最低生活保障待遇的，只能是那些生活水平低于或等于国家公布的最低生活水平的农牧民，一般是以家庭人均年收入指标为标准来界定最低生活保障对象的。

（三）根据不同条件，确定有差别的最低生活保障标准

要发挥最低生活保障制度应有的功能，关键在于合理确定低保标准。低保标准由县级以上地方人民政府按照能够维持当地农牧民全年基本生活所必需的吃、穿、用水、用电等费用确定，并报上一级地方人民政府备案后公布执行。我认为，通过综合考虑青海藏区农（牧）区物价水平、经济发展水平、财力状况以及农牧民生活水平等因素的情况才能合理确定低保标准。并有以下两点建议：第一，根据地域和经济发展的不平衡，应分层次、有差别确定各地的最低生活保障标准。第二，对一些情况特殊的最低生活保障对象，如鳏寡孤独以及单亲家庭可以考虑适当提高低保标准。

（四）加大财政转移支付力度，落实最低生活保障资金

青海藏区农（牧）区经济发展落后、财政状况困难，中央和省政府要加

大低保资金的财政转移支付力度，以突破低保扩大覆盖面、提高救助标准的资金瓶颈。近几年，青海省通过深化财政管理体制改革，财力状况明显好转，并逐年加大对下转移支付力度，通过一般性转移支付和激励性转移支付，青海省对藏区农（牧）区的转移支付补助已经由2007年的9.7亿元增加到了2012年的19亿元，增长95.9%，年均增长25.1%。全省藏区总财力由2007年的59亿元增加到2012年的136.7亿元，增长131.7%，年均增长32.3%。[①]最低生活保障资金的筹集以地方为主，地方各级人民政府要将农村最低生活保障资金纳入财政预算，省级人民政府要加大资金投入。地方各级人民政府民政部门要根据保障对象人数等提出资金需求，经同级财政部门审核后列入预算。中央财政对财政困难地区给予适当补助，地方各级人民政府及其相关部门要统筹考虑农（牧）区各项社会救助制度，合理安排农（牧）区最低生活保障资金，提高资金使用效益。青海藏区农（牧）区最低生活保障资金应该实行专项管理，专款专用，严禁挤占挪用。

（五）发展青海藏区农（牧）区经济，增强地方财力

由于青海藏区农（牧）区大部分地区生态环境脆弱，不适合发展工业，因此要根据当地特色发展民俗旅游等产业，改善经济落后状况。为了充分发挥青海藏区农（牧）区六州的独特优势，缩小藏区六州与青海省其他地区的经济社会发展差距，要转变农牧业的经济增长方式，利用农牧业特色资源和农牧区剩余劳动力，大力发展以乡镇企业为主的农畜产品加工业，提升农畜产品附加值，不断提高农畜产品的市场竞争力。积极扶持农牧民专业合作经济组织、股份合作制等能够与农牧民形成稳定利益关系的经营性体制。对此，有以下几点建议：①完善基础设施建设。要加强小城镇供排水、道路、通信等必要的配套基础设施建设，便于农牧民和中小企业低成本进入。②为农牧民提供大量的就业信息，增加农牧民就业渠道，进而增加农牧民的家庭收入。按照“走出去”战略的要求，拓宽视野、广辟渠道、加强组织、积极引导，力促省内流动，强化省外输出，引导出国务工，多层次、全方位地加快剩余劳动力转移。③克服各种因素的制约，重点做好藏区农（牧）区基础教育，提高人口素质。基本普及九年制义务教育的地区要巩固成果、提高水平；尚

---

① 青海省民政厅社会救助处．青海省2009—2012年度城乡社会救助工作统计分析报告（内部资料）．2013.

未普及九年义务教育的地区要扩大覆盖范围。整合现有的教育资源，完善教育经费保障机制。

（六）做好低保政策与扶贫开发衔接工作，完善其他救助形式

藏区农（牧）区最低生活保障标准低、覆盖面窄，这就决定了还有一部分低收入农牧民需要通过扶贫开发逐渐走上致富之路。虽然低保可以使贫困农牧民家庭的基本生活得到保障，但那些有劳动能力的贫困农牧民，不会也不应当满足于长期吃低保。政府有责任通过扶贫开发，帮助他们发展经济、增加收入。除此之外，加大对藏区州县公共卫生建设项目的投入，完善新型农村合作医疗制度，建立和完善城乡疾病预防控制体系和医疗救治体系，重点支持县级医院救治、农牧区卫生人员培训及管理等能力建设，建立健全农牧区村级卫生室运转保障机制，缓解农牧民群众“看病难、看病贵”的问题。

六、小结

通过对青海藏区农（牧）区最低生活保障家庭的问卷调查和深度访谈得知，青海藏区农牧区最低生活保障制度的实施得到了广大农牧民的认可，对缓解农牧民的贫困起到了至关重要的作用。但是，仍然存在低保保障范围小、保障标准低、低保对象界定难、管理制度不完善等问题。在经济落后、财政状况较差的青海藏区，要让贫困人口真正享受到低保，做到科学、合理、公平，尽快实现“应保尽保”的目标，现在看来，还有相当长的路要走。因此，完善藏区农牧区低保制度要从以下几个方面入手：扩大保障范围，确保做到“应保尽保”；合理确定低保对象，做到公正公平；科学制定保障标准；加大政府转移支付力度；发展农牧区经济；扶贫开发与低保制度衔接；加强低保工作团队建设等。

第八章　国外最低生活保障制度建设的经验借鉴与启示

建立农村最低生活保障制度，是消除城乡差别、构建和谐社会的重要举措。“他山之石，可以攻玉”，如何正确认识国外先进的最低生活保障制度经验，结合自身的国情科学地消化吸收，将其与我国的最低生活保障制度衔接，是本部分研究的核心所在。本部分通过分析主要典型国家最低生活保障制度的形成与发展过程和经验教训，可以对青海藏区农牧区最低生活保障制度的建制理念和设计框架提供许多值得借鉴的经验与启示。由于国际上并没有最低生活保障制度，更谈不上农村居民最低生活保障和城市居民最低生活保障之分，所以借鉴国外农村居民最低生活保障制度就是借鉴国外社会救助制度。

一、国外最低生活保障制度的基本情况

与其他社会保障制度相比，社会救助是一种最低层次的社会保障制度，它的首要目标是克服贫困，保障全体公民的最基本生存权利。其救助对象主要是那些因生理或心理、社会或个人原因而一时或长期陷入困难的人们。这一制度更强调国家和社会对个人的责任和义务，在保障人类生活方面发挥着不可或缺的作用，目前世界上实施社会保障制度的160多个国家中大都包括这一制度。[①] 本部分以英国、德国、日本、法国为典型，分析国外社会救助制度的内容及特点，从中吸取经验教训。

（一）英国的社会救助制度

1. 英国社会救助制度的形成与发展

英国的社会救助具有非常悠久的历史，早年（1601年）的《济贫法》实质上就是社会救助制度的前身，它是以传统的慈善救济为主要特征。1834年，英国政府又制定了新的《济贫法》，主要明确社会救济属于公民应该享有的权利，确立社会救济是政府应尽的义务，并成立了专门管理委员会。1930年，在政府应对经济危机的过程中，又提供了范围更宽泛的社会救助，即“公共救助”。而真正意义上的现代社会救助制度则始于1942年的《贝弗里奇报告》，

① 穆怀中．社会保障国际比较［M］．北京：中国劳动社会保障出版社．2010．

它将社会福利作为一项社会责任确定下来，把救济贫民改为保障国民的最低生活标准。1948年的《国民救助法》则更加具体地明确了政府在社会救助中的主体性责任，规定了公民在收入不足以维持基本生活时可以向政府申请各种类型的救助金，改为使用“国民救助”概念。1956年，将各种单项社会救助规定综合成《家庭及社会救助法典》。1966年，将国民救助改为补助待遇，弱化了原来的短期待遇，强化了长期待遇，以利于老年人。1986年的《社会保障法》对贫困救助作了较大改革，将原来的贫困补助待遇改成贫困收入支持。[①]英国是典型的福利国家型社会救助，国民救助坚持以公民权利为中心，以国家为责任主体，救助带有普遍性并附有严格的法律保障。目前，英国有关社会救助的法令已达1000多条，详细规定了各种救助措施和津贴。

2. 英国社会救助制度的基本内容

英国的社会救助项目很多，先后出台了《儿童法》（1908）、《劳动介绍法》（1909）、《国民保障法》（1911）、《国民救助》（1948）和《补充救济法》（1976）等一系列的法律条文，逐步形成了以低收入家庭救助、社会救助、儿童救助、失业救助及疾病救助为内容的比较完善的社会救助制度。立法规定，享受社会救助的对象包括：①16岁以上的英国居民，其收入来源不足以满足最低生活需要者；②已充分就业的低收入者，如需牙科治疗、配制眼镜、外科手术以及无力支付处方费等，可申请救助；③领取失业保险津贴期满后仍然没有找到新工作的人；④处于社会保险覆盖范围以外的穷人，如独身又有小孩需抚养的母亲，被监禁者的妻子、儿女，无权领取退休金的70岁以上的老人和40岁以上的盲人，此外还有一定数量的流浪游民等。低收入者还可以取得一部分取暖费，有子女的可取得学校免费牛奶和免费膳食以及免缴国民保险费，还可以享受房租补贴等。老龄救助主要是对年满80岁、没有资格享受养老金或只有少量养老金的老年人给予补助；残疾救助包括残疾人的保姆补贴、活动补贴和重残补贴。[②]

英国国民救助实行申请制和调查制相结合的方式，前者指需要救助的家庭对象应当向社会保障机构递交申请书。申请书的内容主要包括家庭人口数、工作人口、无劳动能力人口、收入和支出状况等。后者则是社会保障机构在

---

① 钟仁耀 . 社会保障概论［M］. 大连：东北财经大学出版社，2013.

② 劳动部课题组 . 中国社会保障体系的建立和完善［M］. 北京：中国经济出版社，1994.

接获申请书后，派出专业人员，向申请家庭及其所在社区和工作者所在单位进行详细调查取证，并根据调查结果批准救助申请。英国国民救助的标准较高，一般相当于基本退休金的86%，国家财政全部负担社会救助资金的供给，救助以“生活补贴”为形式，定期发给申请救助的贫穷者。据英国20世纪80年代公布的资料，凡符合社会救助条件的单身人口，每周可领到21.3英镑，若享受长期救助，则每周的生活补贴为27.15英镑。①

20世纪80年代开始，撒切尔政府对英国社会救助制度进行改革，改变社会救助制度的“普遍性原则”，实施“选择性原则”。1986年的《社会保障法》规定：新的收入补贴的发放仅限于有子女的家庭以及丧失工作能力的家庭，“额外资助”也不再对所有的低于最低生活标准者发放，而仅仅向两类人员发放，第一种是18 ~ 24岁的单身者，以帮助他们建立起家庭；第二种是特殊困难的家庭，如单亲家庭、养老金领取者、丧失工作能力者。从1980年起，不再要求地方政府官员提供学校餐；1988年起，收入补贴不再对16 ~ 18岁的人有效，同时，儿童津贴也不再对处于全日制教育之中的儿童有效；1986年，又减少了18 ~ 25岁人口的津贴；1993年，又决定将18~25岁人口的津贴从1996年起减少20%。1990年颁布的《儿童法》对单亲家庭的家庭责任做出强调，所有单亲母亲不管其依靠收入补贴、家庭借贷或者失去工作能力者补贴，都必须授权政府部门采取行动，以便使其父亲履行自己应尽的责任，父亲必须为养育自己的子女以及以前的伴侣承担责任与义务。建立儿童帮助机构，它将接管一切有关父母离异儿童的生活事务。1998年以来，布莱尔政府又对社会救助制度进行了改革。英国严格限制以下四类人员：①对于年轻失业人员，英国政府要求失业6个月的18 ~ 24岁的年轻人必须从以下四种方案中做出选择：在私人部门工作，雇主得到补助；在志愿性部门工作；从事环境保护工作；接受全职教育或培训。②单亲父母。英国政府制定了特别行动计划，通过工作寻求、建议和培训帮助单亲父母找到工作，必要时可以为那些再次全职学习的单亲父母提供小孩的照看。③长期失业人员。英国政府规定雇主雇佣一个已失业两年或两年以上的失业者可从政府获得为期6个月的每周75英镑的工资补助。年龄超过50岁的人还可享受特殊援助。④残疾人或者长期患病的人。这类人也可获得额外的基金，目标是帮

① 符华平．农村最低生活保障制度研究［D］．南京农业大学，2010（6）．

助残疾人或长期患病的人找到工作或者帮助那些已工作的人继续工作。通过这一系列措施使那些依靠福利生存的高风险的特殊人群走上工作岗位，摆脱对福利的依赖，建立社区不同部门（包括雇主、志愿性组织）、地方政府和中央政府之间的新型关系。英国实行社会救济申请与调查相结合的制度，就是由"补充津贴委员会"派出专业人员，他们根据官方划定的贫困线，向社会救济申请者家庭及向申请者所在的社区和工作单位进行烦琐的收入和生活状况的调查，以确定他们的申请救济资格。获得社会救济的家庭可依法按期领取救济金，以维持最低生活水准，如果接受社会救济的家庭可获得另外收入，救济金要随之降低。由于领取社会救济的条件和手续比较苛刻和复杂，管理机关工作人员的态度不善，许多穷人一般情况下不愿意提出申请，有时提出申请后也会撤回。①

（二）德国的社会救助制度

1. 德国社会救助制度的形成与发展

德国的社会保障制度有着深厚的历史渊源。从 1883 年到第二次世界大战结束，这一时期，工业化进程的加快，使劳动者的生存风险（失业、养老、疾病、工伤事故等）加大，也是为了改变生存状况的斗争日益加剧。为了缓和阶级矛盾，德国俾斯麦政府认为，社会保险是一种消除革命的投资，想得到养老金的工人是最安分守己的，于是 1883 年至 1889 年分别颁布了"疾病、工伤、老龄和伤残"三项法案，建立了三项保险制度（1883 年的健康保险计划，1884 年的工伤保险计划，1889 年的退休金计划），开了社会保障制度化的先河，成为现代社会保障制度产生的标志。为确保每一个公民都能享有达到社会最低标准的生活，1962 年德国《联邦社会救助法》的诞生，提出社会救助的首要任务是"确保受救助者享有符合人类尊严的生活"。从此，范围广泛的社会救助项目日趋完善。

2. 德国社会救助制度的内容

德国社会救助制度是为确保每一位需要救助者能维持体面的生活而提供的帮助，但不同于慈善事业。按照德国社会救助方面的法律规定，任何公民如面临不依靠外来帮助个人无法解决的困难时，都有资格获得社会救助。社

① 汪柱旺. 中国农村最低生活保障制度建设研究［D］. 江西财经大学，2008（11）.

会救助包括日常生活救助和特殊情况救助（如丧失劳动能力、生病、年老等情况）两类，具体形式有：人员救助、现金救助和实物救助。负责社会救助的福利办公室在综合考虑申请者的个人状况、财力状况、家庭状况及是否曾向其他福利基金申请救助等因素后，确定合适的救助方式。儿童补贴也是德国社会救助的重要内容，只要有子女的家庭都可以得到家庭津贴，子女越多得到的家庭津贴也就越多。

德国的最低生活保障标准是由联邦政府劳工和社会局统一制定，各城市根据联邦政府制定的保障标准来确定各自的保障标准，相互间差距不大。政府制定保障标准的主要参考指标有三项：一是家庭月净收入；二是人均消费水平；三是家庭月实际支出。保障标准除参照三项指标外，还要根据保障对象的不同情况，确定不同的标准。如法兰克福市 2001 年保障标准每人每月：丈夫 548 马克，妻子 450 马克，孩子 365 ~ 506 马克（7~14 岁）。[①]

对每个家庭来说，教育和培养子女是一个巨大的经济负担，为了平衡这个家庭负担，德国政府颁布了《联邦子女补助金法》。每个有抚养义务者都可得到子女补贴，补贴从孩子出生一直发放到 16 岁，如果上学和接受职业培训则发放至 27 岁。前三个孩子的补贴为每月每人 154 欧元，以后的每个孩子每月为 179 欧元。按照新的《家庭资助法》，前两个孩子的补贴费增至每月 164 欧元，第三个孩子的补贴费为 170 欧元，从第四个孩子开始达到每个孩子 195 欧元。从 1986 年起，如果父母的一方因为抚养孩子而不能就业，且父母双方的年收入总和不超过 51130 欧元，父母每月可以得到 307 欧元的教育津贴。领取教育津贴的期限一般为两年，特殊情况下最多可领到孩子满 7 岁。打算自己扰养孩子的父亲或母亲还可申请最多三年的教育休假。[②]

（三）日本的社会救助制度

1. 日本社会救助制度的形成与发展

日本把社会救助制度通称为生活保障制度，即对贫困者实施最低生活水平保障的制度。由于属政府行为，国家出资救助，又称之为国家救济制度。在日本公共扶助制度史上，最早的生活保障制度表现为明治维新时期日本政

① 张静. 借鉴国外社会救助制度，构建我国农村最低生活保障法律制度［J］. 特区经济，2008（9）.
② 张乃亭. 农村最低生活保障制度研究［D］. 山东大学，2011（6）.

府制定的《恤救规则》，但并未改变日本家庭扶助的核心地位。1929 年，日本政府制定了《救护法》并于 1932 年开始正式实施，救护对象均为从事劳动有困难者，但有劳动意愿且劳动能力并无任何妨碍的失业者不得包括在内，该法的实施标志着近代日本最低生活保障制度的创立。日本政府在以美国为首的盟军最高司令部的指示下，于 1946 年颁布实施《生活保护法》，即旧《生活保护法》。随着战后经济的繁荣，日本政府自发提议对旧《生活保护法》进行修改，并于 1950 年颁布全面修订新《生活保护法》。新《生活保护法》构建了日本以国家为核心的现代社会保障法体系，凝聚了本土传统特色与西方民主主义，在日本社会生活保障制度史上具有划时代的意义，日本新《生活保护法》的颁布和实施是日本生活保障制度法律体系成熟与完善的重要标志。真正意义上的现代日本低保制度是国家扶助的低保制度或社会公共团体扶助的低保制度，是由国家或公共团体对陷入贫困状态而无法维持基本生活的国民，为维持其基本生存发展的权利而对其所给予的最低限度的必要的给付制度。

2. 日本社会救助制度的内容

在日本，社会救助的内容多种多样，全面而又细致入微，公共救助和社会救济共同构成了社会救助制度。公共救助制度包括生活保护和灾害救助，而生活救济主要由生活救济、义务教育、住宅、医疗、生育、立业和丧葬等救济制度组成，是为了保证所有贫困国民的最低生活并促进其生活自立而设立的。同时还为特殊群体在生活保护设施方面提供帮助，对低收入者提供低息的生活福利贷款制度。日本政府根据各地区经济发达程度和社会水平的不同，分地区、分档次规定最低生活标准，最低生活基准每年都进行调整，并由厚生大臣公布发表。经费来源主要由国家和各地方政府负担，其中国库补助占 3/4，地方政府负担其余的 1/4。[①]

此外，儿童津贴是对贫困家庭儿童的救助。在 20 世纪 70 年代以前，儿童津贴制度主要承担社会救济功能，20 世纪 70 年代后逐步转化为应对低生育率。凡家庭收入低于规定标准的，生育第 1、第 2 个孩子者，在儿童未满 6 岁之前，给予每月每个儿童生活津贴 5000 日元；若再生育第 3 个孩子者，则每月每个儿童可获得津贴 1 万日元。若家庭收入超过规定标准，则不享受此津贴。

---

① 王闻，石为华. 日本的社会保障制度［J］. 南开管理评论，1996（4）.

这项制度包括农村居民在内。[①] 除此之外，日本还有专门针对母子单亲家庭的儿童抚养津贴等。

日本政府对于救助对象的生活保护，事前要进行收入状况调查，之后确定是否予以救助。符合条件的求助者通过申请可获得其中一项或多项救助。日本政府要求，救助对象必须首先向其负有抚养义务的亲属求助，如抚养义务人无力负担时，再由政府依法进行生活保护。生活保护的经费，中央政府负担 80%，地方政府负担 20%。生活保护的标准按照各地的平均生活水平制定（原来是根据最低生活水平），并根据大城市、中等城市、小城市、乡镇等区域范围依次分为四类标准。除了现金及实物给付之外，日本政府还设立了六种生活保护设施：养老院、救济院、康复院、公共医院、习艺所、公共住宅，以实现对各类生活困难的国民给予救助。就日本社会救助的具体实施层面而言，在中央由厚生省所设立的救助司与社会司管理，在地方由各部道府县的民生处管理，基层每个有 10 万居民的地区，政府设立一个社会福利事务所负责具体事务。[②]

（四）法国的社会救助制度

1. 法国社会救助制度的形成与发展

法国社会救助制度经历了 200 年的漫长发展，最早可以追溯到 17 世纪的路易十四统治时期。当时为了保证招募足够的士兵，路易十四政府建立了“荣军制度”。19 世纪初，法国真正意义上的社会救助制度萌芽产生，“二战”后渐渐完善，逐步达到了现在的规模和水平。其主要经历三个阶段：第一阶段，从 19 世纪初到 19 世纪 80 年代末，社会救助制度的萌芽阶段。该阶段真正有权享受社会救助的人群仅限于国家职员、军人、海员以及矿工，广大工人阶层不能享受，范围较窄。第二阶段，19 世纪 80 年代末到 1945 年，社会救助制度进入转折期。由于法国资本主义的不断发展，工人阶级的力量不断壮大，社会救助制度构想不断趋于成熟，1898 年通过《工伤保险法》，开始对因公受伤者给予补助；1910 年颁布了法律，在农民和工人中实行普遍退休制，规定退休年龄 65 岁；1930 年又通过第一部《社会救助法》，建立了对雇佣劳动者的普遍保险制度。社会救助形式从局部的措施逐步向完整的政策体系和救

---

① 田雪原. 论东方结构型养老保障——来自日本、中国的启示［J］. 日本学刊，1994（5）.
② 谢蔼. 日本的老人看护保险制度［J］. 现代日本经济，2001（3）.

助制度发展，这些法律构成了当今法国《社会救助法》中如何救助社会弱势群体的基本框架。第三阶段，从1945年10月至今，法国社会救助制度向全国推广并日渐完善，福利性家庭津贴制度也于1978年全面建立。①

2. 法国社会救助制度的内容

法国社会救助制度强调普遍性、适应性和协调性，即要使尽可能多的社会成员得到社会救助制度的保护，而且要充分适应社会、经济发展形势的需要，并实现财政收支平衡。尽管法国社会救助制度目前遇到了种种难题，但在基本理念上，法国仍坚持福利性和公平性的社会救助法基本理念。法国的社会救助包括家庭津贴、老弱病残救助、失业救助和补贴等方面。

法国非常重视家庭特别是儿童社会保护及福利救助政策的发展，从孕产、抚育、照顾、就医、就学等多个方面提供资助，帮助家庭减轻负担。法国的家庭救助包括以下几项内容：家庭津贴，国家对一个家庭的前两个子女每人每月补贴665法郎，对别的子女每人每月补贴582法郎；任意子女处于10～15岁，另外补贴187法郎，处于15～18岁（学徒、学生、伤残及未就业者享受该项补贴的年龄可放宽到20岁）的子女给予333法郎的补贴，超过18岁（或20岁）后就不再享受家庭津贴。家庭补贴，有3个或3个以上年龄在3岁以上子女的家庭，经过有关部门的收入调查后，每个家庭每月补助866法郎。幼儿津贴，有3岁以下婴儿的家庭，经过有关部门的收入调查后，每个家庭每月可以取得995法郎的补贴。父母教育津贴（幼儿教育），该项津贴大约是3000法郎左右。单亲津贴，对于抚养一个及一个以上子女的独身父（母）亲，其第一个女子可以享受4157法郎的单亲津贴，其余子女每人可以享受1039法郎的单亲津贴：如果是单身母亲抚养子女，还可以在母亲怀孕开始后到婴儿出生期间每月享受金额为3118法郎的额外补贴。家庭收入最低保险，对于家庭人均收入达到最低生活保障线2500法郎的家庭，家庭收入最低保障将其人均收入补足到2500法郎。家庭救助津贴，对于只有单亲父母或监护人的孩子，每月补贴468法郎；对于父母双亡的孤儿，每月补贴624法郎。②

失业救助也是法国社会救助的主要项目，它是官方社会救济制度，资金来源主要是由国家财政拨款建立的团结互助基金。团结互助制度的救助对

① 张乃亭. 农村最低生活保障制度研究［D］. 山东大学，2011.
② 冯英，聂文倩. 外国的社会救助［M］. 北京：中国社会出版社，2008.

象主要是：不能享受失业保险的各种失业者，如超过失业保险救济期限仍未就业者以及从未工作过的失业者等，他们在所在地获得的救济金一般不低于2500法郎；积极寻求就业，参加职业培训的失业者可以在此制度下报销培训费并获得相应的补贴；半退休人员可以获得补贴弥补减少的收入；响应政府促进就业的计划，提前退休的人员在达到法定退休年龄之前可以从团结互助基金中领取养老金，达到法定退休年龄后则必须立即转入养老保险制度中去。另外，对于因“非严重过失”而被解雇，不满65岁而身体健康，失业前一年工作满150天的人都可以申请登记。

就社会救助制度来说，从总体上看，各国的差别不是很大，因为这种制度的基本特点是由政府直接主办并承担费用责任，其实质是收入转移支付，以形成社会互助共济，受益者通常是处在社会最底层的穷人。但由于不同国家的经济、社会、政治和文化背景不同，救济的原则和水平不尽相同，不同国家应根据本国国情再借鉴国外好的经验制定出适合自己的最低生活保障制度。

二、建立青海藏区农（牧）区最低生活保障制度的经验借鉴与启示

国外经验表明，对付因各种经济、社会以及个人等因素而导致的较大规模的贫困问题，最有效的社会保障制度就是社会救助。“二战”以后，随着全球经济的不断发展，许多发展中国家根据社会经济发展的客观需要纷纷建立了社会救助机构。特别是到了20世纪80年代，随着发展中国家工业化及市场化进程的不断加快，建立符合自己国情的社会救助体系及社会救助资金筹措制度已经成为社会及经济发展的必然要求，一些发达国家社会救助制度的通行做法也广泛地被许多发展中国家所采用。但是，由于受发展中国家本身经济发展水平及社会政策的影响，社会救助发展水平与发达国家相比仍较为落后。青海藏区属于中国的贫困落后地区，农村低保制度的起步早，但发展速度慢，借鉴典型国家的经验，有利于最低社会保障制度的改革与完善。

德国作为现代社会保障制度的发源地，其丰富的社会救助实践可以作为青海藏区农（牧）区最低生活保障制度改革与创新的范例，具有重大的理论启示和借鉴价值。法国已形成一套法制较为完备、覆盖面较广的现代社会救助体系，为世界社会救助事业的发展提供了大量理论与实践范例，借鉴法国社会救助发展历程中的经验教训对青海藏区农（牧）区最低社会保障制度的

建设与改革大有裨益。与此同时，日本是我国的近邻，有着相似的文化传统和思维方式，尽管在经济发展水平和政治体制上有较大的差异，但是在建立农村社会救助制度建设方面有值得我们借鉴的地方。英国是最早建立社会救助的国家，早期的《济贫法》就是现代社会救助的前身，它是福利型国家实行社会救助制度的典范，对我们发展中国家实施最低生活保障制度也有值得借鉴之处。

表 8–1　典型国家社会救助的特征

国家	社会救助环境	社会救助立法	社会救助水平	社会救助管理
德国	良好的经济发展环境，和谐稳定的社会环境	《工人疾病保险法》《事故保险法》《养老金保险法》《联邦社会救助法》《联邦子女补助金法》《家庭资助法》等	社会救助水平占国内生产总值的30%	灵活性、有效性
法国	发展经济，完善的社会救助机制以及社会公平和互助理念	《工伤保险法》《社会救助法》等	适应本国的生产力水平	政府进行政策参与以及事后监督
日本	经济发展及稳定的政治制度	《恤救规则》《救护法》《国民健康保险法》《儿童津贴法》《老人医疗费支付制度》《生活保护法》等	与劳动力市场政策相结合	采用中央集权和地方分权的模式
英国	以公平促效率及福利制度的改革	新旧《济贫法》《儿童法》《国民救助法》《国民保障法》《家庭及社会救助法典》《补充救济法》等	救助水平和经济发展增长同步	政府与非政府相辅相成

注：根据以上分析整理

从典型国家的社会救助特点看，各国的社会救助具体做法各不相同，但都以《社会救助法》为依据，有良好的社会救助环境和管理机制，社会救助水平和生产力发展水平相适应。

（一）社会救助水平应适度，具有合理性

通过上表可以看出，德国强调社会救助对经济发展和社会和谐稳定的促

进作用，对社会救助建设的投入较大。德国社会救助投入一直处于递增状态，充足稳定的社会救助资金来源为德国社会救助事业的发展提供了宽松的环境。德国的社会救助水平较高，社会救助支出占国内生产总值的比重在30%以上，这一方面是由于经济基础雄厚，有实力提高国民的生活保障水平；另一方面也是由于福利刚性所致，事实上这种过于慷慨的社会救助水平已使经济发展付出了沉重的代价，德国政府不得不对这种已被本国国民视为理所应当的高福利型社会救助体系实施改革与调整。日本社会救助和劳动力市场政策的有机结合是确保社会救援制度发挥积极作用、避免社会负面影响的关键。“二战”后随着经济的发展，日本逐步建立了覆盖全体国民的最低生活保障制度，但20世纪90年代以来，日本经济发展出现了问题，福利国家也相应带来了福利病，导致劳动者负担加重，财政赤字增加，老年人社会救助问题突出等。因此，必须保持社会救援对象的流动性，才能更好地发挥对社会救助的及时帮助和长久发展，包括日本在内的国外社会援助的设计安排，都将社会救助政策和其他经济社会政策联系起来考虑，尤其是与劳动力市场政策的结合。英国和法国等发达国家，伴随福利水平的提高都存在社会救助水平超度的问题，社会救助的财政危机不断恶化。而且近年来，法国政府屈于政治压力，在社会救助收支赤字扩大的情况下仍持续提高社会福利水平，从而导致国内投资萎缩、失业率攀升，目前正面临着经济发展乏力、社会矛盾复杂的尴尬局面。

作为经济基础较为薄弱的青海藏区，没有能力也没有必要追求过高的社会救助水平。社会救助水平过低固然有害，但过高的社会救助水平同样会对经济发展造成负面影响。为维持过高的社会福利，德国的社会救助税一提再提，企业负担不断加重，财政赤字持续扩大，已严重阻碍了经济的进一步增长。法国也因过高的社会福利，导致经济发展乏力。在这方面，日本做得比较好，将社会救助水平与劳动力市场政策相结合，将社会救助与调动劳动者的工作积极性相结合，以社会救助为社会安全保障的基础上实现经济的可持续发展。青海藏区经济发展比较落后，应该借鉴日本的经验，在以低保制度为安全基础的前提下，实现藏区经济的又好又快发展，通过发展经济来达到提升人民的生活水平以及社会的福利水平，必须合理规划社会救助水平，实现社会救助制度的可持续发展。但是，青海藏区农（牧）区目前的经济发展水平较低，最低生活保障水平也低，今后的方向是要提高低保标准。

（二）社会救助应本着立法先行的原则

每一项制度的出台和实行都有法律的保障，明确地规定了社会各成员的权利和义务，有效地提高了社会救助制度的执行与监督效率。我国的社会救助立法相对滞后，政策的规范性和约束性不够，各成员间的权责不明，政府部门执行及监督乏力，人们无法准确把握社会救助制度的安全性，难以发挥各自的积极性。因此，只有完善社会救助立法，才能充分发挥社会救助制度的应有作用。如德国在历史上第一次制定和颁布了现代社会保险法令，确定与规范了现代社会保险的性质、特征、目的和社会保险的类别与主要内容，长期的发展使德国的社会救助法律体系极为健全，每一项措施的实施与修改都有立法保障，大大提高了制度实施的可操作性和稳定性。法国社会救助基金的收缴、支付和管理等相关问题都依赖于社会救助立法的支持，而且每一次社会救助制度的变革都本着立法先行的原则，一旦新的法规确立，旧的社会救助制度即随之停止使用。青海藏区的农村最低生活保障制度建设虽然起步较早，但最低生活保障制度法规相对滞后，地方法规政出多门、参差不齐，低保制度仅从行政命令上进行约束，权威性、强制性较弱，容易造成各州县“各行其是”的现象，从而引发社会救助基金的监管混乱。只有完善的农村低保立法，才能充分发挥农村低保制度的应有作用。日本之所以社会救助制度如此完善，除了以高速发展的经济为基础，同时在社会救助立法上也有较大的规范，制定《国民健康保险法》让全民在法律上保证了都享受社会救助，由此必须加快农村低保的立法进程以及实施的规范。

（三）社会救助管理方式应符合国情，因地制宜

德国社会救助采取自治管理的方法，由社会保险机构负责决定保险承办机构的财政预算和人事安排，而社会保险机构由雇员、雇主和公共团体的代表组成。因此，德国社会力量对社会救助的管理享有较高的自治权，而政府主要负责立法和监督。德国的实践经验证明这种社会自治管理有助于推动社会各方在社会救助方面的协调，具有很大的弹性以对各种需要和变化做出灵活反应，既避免了政府在社会救助方面的直接干预，也保证了社会救助政策的稳定性。法国坚持政府的政策参与和事后监督，政府开始越来越多地介入对社会救助基金的管理。如社会救助制度的调整必须由议会立法通过，每一项社会救助基金的董事会都有政府代表参加。法国对社会救助基金的事后监

管也非常严格，立法机关和行政部门对基金的征缴和运营实施审查与监督，其他还包括审计监督、财务监督、内部监督和专项监督检查等形式。监督方法也逐步转向事前监督和全程监督。日本的社会救助管理模式采取中央集权和地方分权的方式，采取了中央政府和各地方政府分别筹资和管理的基本模式。绝大多数的社会救助支出资金来源于地方当局，具体支出管理和政策解释、调整也大多在地方进行。而中央政府主要决定社会救助的资格条件，并提出社会救助的标准，在资金上也给予地方一定的支持。英国的社会救助管理采用政府与非政府相结合，政府为主导的管理模式。我国在确立社会救助管理模式时，必须依据自身的经济发展状况来确定。我国对社会救助的管理目前还缺乏成熟的模式，而法国政府的管理模式已取得了较好的社会成效，可为我们提供较好的范例。从实际出发既要防止过度干预又不能放任不管，对制度的立法与监督应有所加强，而对制度的具体操作和管理可适当放宽，尤其是青海藏区地域广阔，汉藏语言交流存在障碍，应在坚持大政方针指导下因地制宜，充分发挥地方政府管理的积极性和灵活性。

（四）应以家庭为核心建立多层次、多形式的社会救助体系

法国的社会救助包括失业救助、老弱病残救助、家庭津贴和补贴等方面。法国非常重视家庭特别是儿童社会保护及福利救助政策的发展，从孕产、抚育、照顾、就医、就学等多个方面提供资助，帮助家庭减轻负担。另外，失业救助也是法国社会救助的主要项目，对于因“非严重过失”而被解雇，不满 65 岁而身体健康，失业前一年工作满 150 天的人都可以申请登记。德国的社会救助分为两类，一类是特殊困难的救助，包括残疾人、老人、病人、孕妇、产妇、在国外的德国人；另一类是低收入家庭的救助，这种救助面向全社会；德国家庭收入低于联邦贫困线 130% 的儿童可以享受免费早餐和午餐。家庭收入在联邦贫困线 130% ～ 185% 的儿童可以享受低价伙食。如果某地一半以上的孩子的家庭收入低于贫困线的 185%，那么该地区的所有孩子可以享受暑期免费就餐。日本的社会救助儿童津贴是对贫困家庭儿童的救助，除此之外还有专门针对母子单亲家庭的儿童抚养津贴。英国社会保障的最大特点是全面保障、全民保障，社会救助也不例外。在 1908 年就出台了《儿童法》，目前对儿童的救助内容通过发放儿童津贴体现，包括儿童成长过程中各种补贴、儿童医疗保健，对私生子女和单亲家庭的子女还增加补助津贴。

与此相比，近些年我国的社会救助事业虽然发展很快，但仍然缺乏精细化的制度设计，特别是对于贫困儿童的照顾性政策，还有很大的发展空间。通过实施家庭直接补助项目，可以确保儿童在营养、免疫、教育、智力发展等方面获得更多的社会资源，增强家庭的脱贫能力，避免贫困的代际传递，对于国家建设和社会发展都有着非常重要的意义。

通过对国外社会救助制度建设的考察，使我们深刻认识到：建立农村最低生活保障制度，必须充分发挥政府的主导作用，制定必要的法规，依法实施保障。依据国家的财政能力、社会经济发展水平和农村的贫困状况来确定农村最低生活保障制度的具体内容和最低生活保障标准，建立适合自己的农村最低生活保障管理模式。

第九章　结论与对策建议

本书以最低生活保障理论为出发点，在分析青海藏区农（牧）区经济、社会发展及贫困特征的基础上，全面系统地分析了青海藏区农（牧）区最低生活保障制度的演变、运行过程、实施效果，并对最低生活保障标准、最低生活保障资金、最低生活保障制度与扶贫开发有效衔接作为专题进行研究，尤其对最低生活保障制度的实施进行了深入调研。同时，对西方国家最低生活保障制度进行考察，找出了青海藏区农（牧）区最低生活保障制度的主要问题。在这些研究的基础上，得出以下几点结论，并提出政策建议，通过研究也发现了课题组成员科研能力的不足。

一、结论

（一）青海藏区农牧民贫困具有特殊性

青海藏区位于青藏高原东北部，平均海拔在3000米以上，自然环境恶劣，极度缺氧，自然灾害频繁，经济结构单一，基础设施滞后，农牧民综合素质低，社会发展严重滞后是青海藏区农牧民贫困的特殊原因。特殊的地理环境和恶劣的自然条件使其成为全国农牧业生产条件最差的地区，由此导致贫困的概率很高。自然灾害是导致青海藏区贫困面大、贫困人口多、贫困程度深的一个重要原因。正如一首民谣所形容的那样，“五年一小灾，十年一大灾，五年三年灾、三年两头灾”。这是青海藏区的真实写照，很多地方陷入了灾害—恢复—灾害的苦涩循环之中。青海藏区深居内陆，绝大多数农牧区山大沟深，地广人稀，农牧民与外界的联系很少，基本处在与世隔绝的多重封闭状态中，加之特殊的历史、文化等原因，导致农村牧区社会发展程度非常低。目前，牧业区不少牧民仍逐水草而居，社会发育迟缓和传统的生产生活方式，使农牧民抵御贫困风险的能力极弱。区位劣势非常明显，基础设施缺乏，远离商品大市场，使农村牧区的市场交易成本极高，小规模的家庭分散经营又难以适应大市场的需求，由此导致贫困群体的弱势地位更加突出。

（二）农村最低生活保障制度是保障贫困农牧民基本生活的安全网

针对青海藏区的特殊贫困，1986年以后的扶贫开发缓解了部分有劳动能力农牧民的贫困问题，但仍有部分农牧民尤其是无劳动能力的农牧民未能脱贫。国务院总理李克强同志于2013年10月30日主持召开国务院常务会议时强调，建立健全社会救助制度，事关困难群众的基本生活和衣食冷暖，是一项保民生、促公平的托底性、基础性制度安排。建立与经济社会发展水平相适应，与其他社会保障制度相衔接，保基本、可持续的社会救助制度，编织一张兜住困难群众基本生活的安全网，确保网底不破，可以保障他们的基本生存权利和人格尊严，避免陷入生存窘境，防止冲击社会道德和心理底线，也能让人民群众消除后顾之忧、安心创业就业，这对于推进市场化改革，促进社会公正，使全体人民共享改革发展成果，具有重要意义。农村最低生活保障制度是社会救助制度的基本部分，由于贫困农牧民普遍缺乏生产自救能力，农村最低生活保障作为一项治理贫困的社会政策，在保证贫困农牧民基本生活方面，起到了至关重要的作用。因此，青海藏区农牧区最低生活保障制度是现阶段解决青海藏区农牧民剩余贫困问题的现实选择。

（三）青海藏区农牧区最低生活保障建制早，具有创新之处

早在1997年，青海省的农村最低生活保障制度就按照“保障基本口粮，再补点零用钱，以储粮会为依托实施农村最低生活保障制度”的原则，在青海各地包括青海藏区开始实施，其具体做法主要有：①低标准起步，多形式救助。青海省在1997年互助县实施最低生活保障试点时，结合自身实际情况确定补助标准为120元，保障对象需凭《青海省农村最低生活保障制度证》按年领取最低生活保障补助资金。②分层次保障，重点突出。青海藏区结合自身农牧区生产的特点，在农牧区最低生活保障试点工作过程中形成了牧业区保障标准略高于半农半牧区、半农半牧区略高于农业区的不同层次保障标准。③规范运作，实行计算机管理。青海省于1998年初就开发了青海省农村最低生活保障制度管理应用软件，大大提高了管理的科学性和时效性。1997年9月，民政部的全国城乡社会保障西片工作座谈会在西宁召开，对青海省建立农村最低生活保障制度的做法给予了充分的肯定，并作为典型，其经验加以推广。

（四）青海藏区扶贫开发与农村低保制度的衔接工作取得成效

农村扶贫开发与农村最低生活保障制度作为缓解农村贫困的两种手段，

在遏制农村贫困现象，促进农村经济发展方面发挥着重要的作用。根据国务院扶贫办、民政部《关于开展农村最低生活保障制度与扶贫开发政策有效衔接试点工作的通知》精神，2009 年青海藏区泽库县被国务院扶贫办确定为第一批农村最低生活保障制度和扶贫开发政策有效衔接试点。通过两项制度衔接工作，对识别出的低保对象和扶贫对象以及低保和扶贫交叉对象分类实施救助，并明确了资金支持途径：对无劳动能力的牧户从低保资金中予以救助；对生活特别困难又有一定劳动能力的特困户，通过民政低保予以救助，又适度购买生产母羊予以扶持，再进行必要的养殖业等实用技术培训；对具有劳动能力，还没有富裕的牧户，本着“有利于发展经济、有利于增加收入”的原则，通过产业化发展项目和劳动力转移培训等进行扶持。“应保尽保”对象：通过民政部门的低保资金，实行救助。“应保应扶”对象：既通过民政低保资金进行救助，又通过扶贫资金对其产业发展需求项目和技术培训等进行扶持，支持其发展经济，达到增加收入、逐步走向富裕的目的，扶贫资金从财政扶贫资金中进行支持。“应扶尽扶”对象：单纯通过扶贫资金对牧户的产业发展需求项目和技术培训等进行扶持，支持其发展经济，达到增加收入、加快脱贫致富步伐的目的。扶贫资金同样从财政扶贫资金中进行支持。农村扶贫开发与农村最低生活保障制度的衔接为完善农村社会救济制度，缩小城乡差距，从根本上解决农村贫困问题提供了制度上的保证。

（五）青海藏区最低生活保障制度的实施效果明显，农牧民对其总体评价不错

通过对青海藏区最低生活保障制度的运行分析，总体上看，最低生活保障制度政策框架已经确立，基层管理制度基本健全，组织机构已经形成，人员队伍基本到位，最低生活保障对保障农牧民基本生活水平起到了托底性、基础性的作用。通过实施效果分析，贫困农牧民基本实现了低水平下的“应保尽保”，实施效果明显。通过对农（牧）区最低生活保障家庭的问卷调查和深度访谈得知， 农村低保户和普通农牧民对最低生活保障制度均有不同程度的了解，有较高的认知度和关注度，问及对最低生活保障制度的评价时农牧民给予了充分肯定。

（六）青海藏区最低生活保障制度仍然存在诸多问题

1. 部分群众对最低生活保障制度缺乏正确的认识

最低生活保障制度保障的对象是困难群众，但有部分群众却错误地认为最低生活保障是一种普惠型的社会福利，认为人人都有权利享受最低生活保障，甚至无论什么困难都可以通过最低生活保障的途径解决，把最低生活保障与扶贫、帮困以及其他社会救助混为一谈。有个别地方存在优亲厚友，在一定程度上对最低生活保障制度造成不良影响。

2. 农村最低生活保障对象的确定方式尚不合理

目前，青海省农村最低生活保障在实际操作中采取的是总量控制，然后参考各地的贫困程度以及人口数量等因素层层分配指标的运作方式。由于指标已限定，各地普遍采取按直观上的困难程度“末尾倒排”的方式确定最低生活保障的对象。有的地区存在着“轮流坐庄”，个别地方甚至出现“平分最低生活保障资金”的情况。同时，限定指标的做法使不同地区间受保对象收入水平反差较大，出现低保面宽窄不均的状况，如果不及时加以调整，可能会导致公共资金的不合理使用，甚至会出现鼓励不正当依赖社会救助的现象。

3. 最低生活保障标准制定欠科学，且保障水平偏低

通过第四部分分析可以看出，关于青海藏区农牧区低保标准，青海省民政厅协同青海省统计局 2011 年曾进行过科学测算，但目前使用的低保标准并不是经过科学测算的低保标准，而是考虑到青海藏区的物价水平、财力状况确定的分地区的不同标准，至于最低保障水平，普遍较低。2011 年，中央决定将农民人均纯收入 2300 元作为新的国家扶贫标准，青海藏区也遵照执行，但 2012 年最低生活保障标准仍然还是最高的只有 2040 元（玉树、果洛、黄南），相差 260 元；并且青海藏区的农牧民最低生活保障标准和青海城市居民最低生活保障标准（2012 年青海城市居民最低生活保障标准平均 330 元 / 月，折合成 3960 元 / 年）差距甚远，仅相当于城市低保的 51.52%。藏区的农牧民最低生活保障标准和东部沿海一些省份的农民最低生活保障标准的差距也比较大，最大的差距达到 1139 元 / 年。

4. 最低生活保障资金缺口较大

自 2007 年全面建立农村最低生活保障制度以来，尽管国家对青海藏区农

牧区最低生活保障的投入增长迅速，但相对于最低生活保障资金的需求而言还远远不够。不可否认，随着经济的发展，贫困人口会逐年下降，但是贫困线却会逐步提高，藏区农牧区最低生活保障资金的需求总额会继续保持在一个较高的水平，如何弥补低保资金的缺口，将是完善藏区最低生活保障制度的关键所在。通过第五部分的分析测算可知，如果要实现“应保尽保”，资金的需求量将会成倍增加。而当前青海藏区地方财政在最低生活保障资金支出中已达到能力极限，若省以上政府不切实承担起农村最低生活保障的重任，制度的实施效果势必会因资金的短缺而大打折扣。

5. 基层服务能力投入，不能满足最低生活保障工作的需要

最低生活保障工作的重心在基层，但目前基层民政部门专职人员少，具备专业知识的人员更少。基层工作人员特别是社区和农村工作人员通常一个人要承担多个部门的工作，如社会保险、就业、廉租住房等，并且又是直接服务于广大的老百姓，工作量大，任务重，而且待遇较低，流动性大，造成现有最低生活保障工作人员劳动强度超负荷，低保对象入户核对质量难以保证。另外，基层工作人员专业知识缺乏，接受培训的层次低且次数少，达不到应有的效果。

二、对策建议

基于以上的分析与结论，对进一步完善青海藏区农（牧）区最低生活保障制度提出如下政策建议。

（一）加强最低生活保障政策的宣传力度

最低生活保障工作面对的是广大农牧民群众，他们散居在边远山区，信息闭塞。政府及有关部门应进一步加强农村最低生活保障工作政策法规、实施细则的宣传力度，广泛利用报刊、电视、广播、互联网等宣传媒体开展有效宣传，增强最低生活保障工作的透明度，让农牧民了解最低生活保障政策，享受低保政策，遵守低保政策，让农牧民明白最低生活保障对象有进有出、补助水平有升有降的动态管理机制。从而减少由低保调进调出引起的群众上访，促使农牧民树立正确的“低保”观念，逐步形成大家自觉理解、积极配合、共同监督农村最低生活保障工作的良好局面。

（二）科学确定最低生活保障的对象

青海藏区农(牧)区最低生活保障涉及面广、贫困人口多,农牧民居住分散、流动性大，家庭收入来源复杂且变动较大，最低生活保障对象的界定非常困难。因此，在确定藏区农（牧）区最低生活保障对象时，要以青海藏区农（牧）区最低生活保障线为衡量标准，通过全面调查，在准确掌握困难农牧民家庭的人员构成、收支状况、致贫原因等情况的基础上，结合最低生活保障线的标准确定。地方政府要依法履责，增强工作透明度，及时公开资金、物资使用管理情况，接受社会监督。同时，还要建立资源共享的信息平台，加强核查监管和相互衔接，提高最低生活保障工作的科学性；对不依法履行救助职责，以及骗取、挪用、侵占救助款物等违法违规行为，要严肃查处，决不姑息。各部门要加强配合，协调推进社会救助制度加快完善，使低保工作更加及时、透明、公正、有效，让广大困难群众得到社会救助的温暖和关怀，确保使宝贵的社会救助资源真正用于需要救助的困难群众。

（三）合理制定最低生活保障标准，坚持动态调整原则

鉴于青海省经济不发达，人民生活水平普遍不高的现状，目前不易使用中国营养学会推荐的能量摄入量、相应食物摄入量以及食物的市场价格计算最低生活保障标准中的食品支出法。建议参考不同收入群体居民生活必需支出相对比较的办法，针对最低生活保障政策首先是保最低，其次才是保基本的原则，保障面不宜过高，但必须能够维持居民的最低生活水平。为确保最低生活保障对象基本营养需求，农村最低生活保障标准中食品支出和生活必需品支出以农村贫困户生活必需消费支出为参考计算较为合理。同时，最低生活保障标准必须对应经济社会的发展进行动态调整，适当提高最低生活保障标准，降低由于物价上涨给贫困人口带来的生活困难。政府及相关部门密切关注和掌握市场物价的波动情况，根据物价上涨指数等因素，考虑提高最低生活保障标准，切实保障农牧民困难群众的基本生活，使贫困者分享经济发展和社会进步所带来的成果。根据《青海省社会救助和保障标准与物价上涨挂钩联动机制》的指导思想，建议每年年初根据上年物价水平、经济发展、居民生活水平的变化对农牧区最低生活保障标准进行评估，报告提交政府审定，以确保农牧区最低生活保障对象的生活水平与经济发展同步提高。

（四）实现最低生活保障政策与扶贫开发有效衔接，完善其他救助形式

青海藏区农（牧）区最低生活保障标准低、覆盖面窄，这就决定了还有一部分低收入农牧民需要通过扶贫开发逐渐走上致富之路。虽然最低生活保障可以使贫困农牧民家庭的基本生活得到保障，但那些有劳动能力的贫困农牧民，不会也不应当满足于长期吃低保，政府有责任通过扶贫开发，帮助他们发展经济、增加收入。除此之外，政府应加大对青海藏区州、县公共卫生建设项目的投入，完善新型农村合作医疗制度，建立和完善疾病预防控制体系和医疗救治体系，重点支持县级医院救治、农牧区卫生人员培训及管理等能力建设，建立健全农牧区村级卫生室运转保障机制，缓解农牧民群众“看病难、看病贵”的问题。这些配套措施的完善，有利于最低生活保障工作的顺利推进。

（五）进一步加大中央和省级财政对最低生活保障资金的补助力度

从当前情况看，一个地区财政能力的强弱，决定着这个地区农村最低生活保障覆盖范围的大小、补助水平的高低。东部地区由于经济发展水平较高、财政实力雄厚，因此所需最低生活保障资金一般没有问题，即使有个别县（市）财力较弱，没有资金支付能力，省级财政也可以提供资金帮助。但对于地处西部地区的青海藏区农（牧）区而言，由于历史和自然条件等多种原因，造成农牧区贫困面较大、贫困程度较深，需要最低生活保障救助的贫困人口数量较多，而地方财力又非常有限，要保持农村最低生活保障制度的长期有效运行，没有中央财政和省级财政的资金注入，恐怕很难做到。因此，要巩固和完善农村最低生活保障制度，必须进一步加大中央财政和省级财政对最低生活保障资金的补助力度。

（六）加强基层最低生活保障工作团队建设

最低生活保障工作人员所面对的对象都是弱势群体、困难群众，所以对低保工作人员的要求较高，既要细心，又要有耐心，且大量工作在基层。要加强最低生活保障工作团队建设，首先要适当增加基层最低生活保障工作人员的编制，缓解人员紧缺的现状，并坚持以人为本的理念，多关心基层工作

者的生活状况，给予在艰苦条件下辛勤工作的最低生活保障工作人员适当的生活补贴。其次要改善基层工作人员的办公条件和工作环境，提供良好的交通工具。再次要加大对基层最低生活保障工作人员的培训，提高文化水平和业务素质，真正建设一支高水平、有效率的工作团队，为青海藏区最低生活保障工作的开展提供人力支撑。

三、研究的不足及有待进一步探讨的问题

本书仅对青海藏区农（牧）区最低生活保障制度的理论基础、演变、运行过程、低保标准、资金供求和扶贫开发与低保衔接等进行初步探索。由于课题组成员时间及能力有限，本次研究存在诸多不足之处，还有待今后进一步研究并加以改进。

第一，农村最低生活保障制度要研究的内容很多，本书的研究虽然涵盖了农村最低生活保障制度的主要内容，但分析还不够深入。比如原计划把青海藏区农（牧）区最低生活保障制度和西部其他藏区农（牧）区最低生活保障制度进行比较分析，但由于资料搜集难度大，缺乏西部其他藏区的有关数据，未能如愿，所以只能等待以后再进一步深入研究。

第二，最低生活保障制度的实施效果分析，是最低生活保障制度研究的一个重要方面。对青海藏区农（牧）区最低生活保障制度的实施效果分析，由于所掌握资料有限，只做了描述性的简单分析，不够全面、具体和深入，对如何建立一套完整科学的适合青海藏区特点的农村最低生活保障效果评价体系，本次研究更没有涉及，有待下一步作为一个研究专题进行深入分析。

第三，城乡最低生活保障制度的一体化是社会保障体系城乡一体化的目标，基于青海经济发展现状和财力限制，城乡低保目前还是分别实施。今后将城乡最低生活保障统筹进行研究十分必要，尤其是城市最低生活保障与农村最低生活保障比较分析，城乡如何对接，对接的机理、措施是什么，需进一步研究。

第四，农村最低生活保障制度是农村社会保障体系中的重要组成部分。最低生活保障配套措施的完善对治理贫困起着举足轻重的作用，怎样才能实现与其他政策的衔接和联动，提高运行的效率和效应，本书只对最低生活保障与扶贫开发的有效衔接进行了初步探讨，今后还会进一步关注进展情况并对其深入研究，对其他的配套措施（住房救助、教育救助、医疗救助等），还有待进一步研究。

附 录

附录 1：“和谐社会视角下青海藏区农牧区最低生活保障问题研究”课题调查问卷

调查人：＿＿＿＿＿＿＿＿

调查时间：＿＿＿年＿＿＿月＿＿＿日

调查地点：＿＿＿省＿＿＿县＿＿＿乡＿＿＿村

受访者：＿＿＿＿＿＿＿＿＿

一、户主特征

1. 户主性别＿＿＿＿＿。

2. 户主年龄＿＿＿＿＿岁。

3. 户主婚姻状况（　　　　）

A. 未婚　B. 已婚　C. 丧偶　D. 其他

4. 户主受教育年限＿＿＿＿＿年。

5. 户主健康状况（　　　　）

A . 健康　B. 有慢性疾病，但仍能从事一般性劳动

C. 有重大疾病和残疾，无法参加劳动

6. 户主所从事的职业（　　　　）

A. 种植（放牧）　B. 长期外出打工　C. 一边在家务农一边外出打工

D. 挖虫草或挖金子　　　　　　E. 其他

二、家庭基本情况

7. 家庭人口数＿＿＿＿人，其中劳动力＿＿＿＿人。

8. 家庭类型（　　　　）

A. 核心家庭　B. 单亲家庭　C. 单身家庭　D. 三代同堂家庭

9. 住房状况（　　　　）

A. 自有私房　B. 危房　　C. 租房　　D. 无房

10. 人均住房面积＿＿＿＿平方米。

11. 家庭饮用水源（　　　　）

A. 自来水　　B . 井水　　C. 自引山上泉水

D. 溪（江、河）水　　E. 其它

12. 家庭炊事用主要能源（　　）

A. 柴草　B. 煤　C. 液化气　D. 沼气

E. 电　F. 牛粪

13. 家庭成员的基本健康状况（　　）

A. 健康　B. 有慢性疾病，但仍能从事一般性劳动（有 ______ 人）

C. 有重大疾病和残疾，无法参加劳动（有 ______ 人）

14. 如果有疾病，疾病的种类和原因：____________________。

15. 家庭成员如果生病是否就医（　　）

A. 就医　B. 大病就医　C. 大、小病均不就医

16. 家庭收入的主要来源（　　）

A. 家庭亲属的赡养、抚养费收入　B . 政府的转移支付

C. 种植　D. 养殖　E. 打工

F. 做小生意收入　G. 亲友资助　H. 财产性收入

17.2011 年家庭基本生活消费支出：

A. 食品支出 _______ 元；

B. 衣着支出 _______ 元；

C. 教育支出 _______ 元；

D. 医疗支出 _______ 元；

E. 水电支出 _______ 元；

F. 燃料支出 _______ 元。

合计约 _______ 元。

18. 家庭困难的主要原因（　　）

A. 缺少生产资金　B. 缺少劳动力

C. 自然灾害（自然灾害的类型：）

D. 疾病　E. 残疾　F. 因病

G. 因残　H. 子女就学　I. 其他

19. 需救助项目（　　）

A. 就学　B. 就医　C. 就业

D . 意外灾害（意外灾害的类型：______________）

E . 住房　F. 取暖　G. 交通

三、对低保制度的认知度与认同感

20. 您是否知道农村低保（　　　）

A. 知道　B. 不知道　C. 听说过，但不太了解

21. 您是否申请过低保，如果提出低保申请是否获得低保？

22. 如果没有提出低保申请是由于什么原因？

23. 您认为当前农村低保的给付标准（　　　）

A. 合适　B. 基本合适　C . 较低　D . 太低

24. 您认为农村低保的给付采取哪种形式更好（　　　）

A. 现金　B. 实物　C. 现金与实物结合

25. 您认为农村低保制度是否做到了“应保尽保”（　　　）

A. 是　　B. 否

26. 农村低保制度在执行过程中是否透明、公开、公平（　　　）

A. 是　　B. 否

27. 您对低保评选的标准及看法是什么？

28. 农村低保制度在执行过程中存在哪些问题，还需要做哪些改进？

附录2：“和谐社会视角下青海藏区农牧区最低生活保障问题研究”课题访谈提纲

访谈对象：民政干部

访谈人：________________

访谈时间：________年________月________日

访谈地点：________县________乡

受访者：________________

访谈内容：

1. 所在部门和负责的主要工作；
2. 介绍所在区域的最低生活保障户状况；
3. 所在区域建立农牧区最低生活保障制度以来取得的成绩；
4. 所在区域农牧区最低生活保障制度的救助标准和申报程序；
5. 农牧区最低生活保障制度在实际执行过程中存在的问题；
6. 运用实例对农牧区最低生活保障制度的正面和反面情况进行总体评价；
7. 农牧区最低生活保障制度还有哪些地方需要改进。

访谈对象：一般农牧民

访谈人：________________

访谈时间：________年________月________日

访谈地点：________县________乡

受访者：________________

访谈内容：

1. 对农牧区最低生活保障制度的了解程度，是通过什么途径了解低保的；
2. 家庭成员、家庭收入以及在村里所处的位置；
3. 家庭收入和支出的具体项目；
4. 对农牧区最低生活保障申报程序的了解程度；
5. 农牧区最低生活保障制度在实际执行过程中是否透明、公开和公正；
6. 对农牧民最低生活保障户有什么看法；

7. 如果陷入家庭困难，是否会申领最低生活保障金；

8. 农牧区最低生活保障制度在执行过程中存在哪些问题，还有哪些地方需要改进；

9. 对农牧区最低生活保障制度进行总体评价。

访谈对象：农牧民低保户

访谈人：________________

访谈时间：________年________月________日

访谈地点：________县________乡

受访者：________________

访谈内容：

1. 对农牧区最低生活保障制度的了解程度；

2. 介绍家庭成员、家庭收入、困难情况；

3. 家庭收入和支出的具体项目；

4. 对农牧区最低生活保障申报程序的了解程度，具体了解到什么程度；

5. 农牧区最低生活保障制度在实际执行过程中是否透明、公开和公正；

6. 申请最低生活保障金，当初主要基于什么考虑；

7. 农牧区最低生活保障制度在执行过程中存在哪些问题，还有哪些地方需要改进；

8. 对农牧区最低生活保障制度进行总体评价。

附录 3：“和谐社会视角下青海藏区农牧区最低生活保障问题研究”课题 xx 县基本情况调查

该县地理特征：________________________________

气候特征：____________________________________

人口特征：____________________________________

经济特征：____________________________________

共有 ____ 个乡镇，____ 个街道办事处，____ 个村委会，常住人口 ____ 万人，其中农牧民人口 ____ 万人，占全县常住人口的 ____%；农牧区低保对象户 ____ 人，约占农牧区人口总数的 ____% 。2012 年，全县国内生产总值 ____ 万元，财政收入 ____ 万元，农牧民年人均纯收入 ____ 元，该县农牧民低保对象人均月补差水平 ____ 元。是否为贫困县，如果是，是国定贫困县还是省定贫困县。

参考文献

［1］罗志如，厉以宁．20 世纪的英国经济——“英国病”研究［M］．北京：人民出版社，1982.

［2］布坎南．吴良健，译．自由、市场和国家［M］．北京：北京经济学院出版社，1988.

［3］夏洛特·托尔．郗庆华，译．社会救助学［M］．北京：生活·读书·新知三联书店出版社，1992.

［4］劳动部课题组．中国社会保障体系的建立和完善［M］．北京：中国经济出版社，1994.

［5］萨缪尔森．萧琛，译．经济学［M］．北京：华夏出版社，1999.

［6］多吉才让．中国最低生活保障制度研究与实践［M］．北京：人民出版社，2001.

［7］时正新．中国社会救助体系研究［M］．北京：中国社会出版社，2002.

［8］［美］Neil Gilbert，Paul Terrell．黄晨熹，等，译．社会福利政策导论［M］．北京：高等教育出版社，2003.

［9］毕天云．社会福利的场域习惯［M］．北京：中国社会科学出版社，2004.

［10］洪大用．转型时期的中国社会救助［M］．沈阳：辽宁教育出版社，2004.

［11］戴维·米勒．应奇，译．社会正义原则［M］．南京：江苏人民出版社，2005.

［12］褚福灵．社会保障国际比较［M］．北京：中国劳动社会保障出版社，2005.

［13］郑功成．社会保障概论［M］．上海：复旦大学出版社，2005.

［14］罗朝阳．21 世纪青海经济发展研究［M］．西宁：青海人民出版社，2005.

［15］钟仁耀，查建华．上海社会保障和谐发展研究［M］．上海：上海财经大学出版社，2007.

［16］王卫平．社会救助学［M］．北京：群言出版社，2007.
［17］［美］马斯洛．许金声，译．人类动机的理论．［M］北京：中国人民大学出版社，2007.
［18］贝弗里奇．劳动和社会保障部社会保险研究所，译．贝弗里奇报告——社会保险和相关服务［M］．北京：中国劳动社会保障出版社，2008.
［19］陈蒙蒙．美国社会保障制度研究［M］．南京：江苏人民出版社，2008.
［20］童星．社会保障理论与制度［M］．南京：江苏教育出版社，2008.
［21］冯英，聂文倩．外国的社会救助［M］．北京：中国社会出版社，2008.
［22］龚维斌．中外社会保障体制比较［M］．北京：国家行政学院出版社，2008.
［23］郑功成．中国社会保障改革与发展战略——理念、目标与行动方案［M］．北京：人民出版社，2008.
［24］苏海红，杜青华．中国藏区反贫困战略研究［M］．兰州：甘肃民族出版社，2008.
［25］李双元．WTO 框架下青藏高原特色农业国际竞争力研究［M］．西宁：青海人民出版社，2008.
［26］姜爱华．政府开发式扶贫资金绩效研究［M］．北京：中国财政经济出版社，2008.
［27］金淑彬．新形势下西部农村社会保障问题研究［M］．北京：光明日报出版社，2008.
［28］民政部社会救助司，财政部社会保障司．农村最低生活保障工作读本［M］．北京：中国社会出版社，2009.
［29］米尔顿·弗里德曼．张瑞玉，译．资本主义与自由［M］．北京：商务印书馆，2009.
［30］聂佃忠，李庆梅．负所得税的国外借鉴及中国低保的重构［M］．北京：人民出版社，2009.
［31］苏保忠．中国农村养老问题研究［M］．北京：清华大学出版社，2009.
［32］聂佃忠，李庆梅．负所得税的国外借鉴及中国低保的重构［M］．北京：

人民出版社，2009.

[33] 王建军，曲波. 资源型企业与区域经济可持续发展研究——以青海为例[M]. 北京：民族出版社，2009.

[34] 丁建定. 社会福利思想（第二版）[M]. 武汉：华中科技大学出版社，2009.

[35] 刘均. 社会保障理论与实务（第二版）[M]. 北京：清华大学出版社，2009.

[36] 青海省发展改革委员会. 青海省区域协调发展规划研究[M]. 西宁：青海人民出版社，2009.

[37] 柳拯. 中国农村最低生活保障制度政策过程与实施效果研究[M]. 北京：中国社会出版社，2009.

[38] 邓大松，向运华. 社会保障问题研究——和谐社会构建与社会保障国际论坛[C]. 北京：人民出版社，2009.

[39] 穆怀中. 社会保障国际比较（第二版）[M]. 北京：中国劳动社会保障出版社，2010.

[40] 孙光德，董克用. 社会保障概论[M]. 北京：中国人民大学出版社，2010.

[41] 王德高. 社会保障学[M]. 武汉：武汉大学出版社，2010.

[42] 胡晓义. 走向和谐：中国社会保障发展 60 年[C]. 北京：中国劳动社会保障出版社，2010.

[43] 王三秀. 农村最低生活保障制度的目标转型[M]. 北京：中国社会科学出版社，2010.

[44] 曹建民，龙章月. 中国农村社会保障制度研究——以西北贫困地区为例[M]. 北京：人民出版社，2010.

[45] 陈佳贵，王延中. 中国社会保障发展报告[R]. 北京：社会科学文献出版社，2010.

[46] 风笑天. 社会学研究方法[M]. 北京：中国人民大学出版社，2010.

[47] 谢东梅. 农村最低生活保障制度分配效果与瞄准效率研究[M]. 北京：中国农业出版社，2010.

[48] 青海减贫发展战略研究项目办公室. 欠发达地区科学发展之路[M]. 北京：九州出版社，2011.

[49]［英］马尔萨斯．陈小白，译．人口原理［M］．北京：华夏出版社，2012.

[50] 钟仁耀．社会保障概论［M］．大连：东北财经大学出版社，2013.

[51] 民政部最低生活保障司．农村特困户生活救助和农村最低生活保障资料汇编（第一册）．2004.

[52] 泽库县两项制度有效衔接试点工作办公室．泽库县 2009 年两项制度有效衔接试点工作报告（内部资料）．2010.

[53]民政部社会救助司. 2009 年度城市居民最低社会保障制度文件资料汇编. 2010.

[54]民政部社会救助司. 2009 年度农村居民最低社会保障制度文件资料汇编. 2010.

[55] 青海省发展改革委员会．青海省“四区两带一线”发展规划纲要（内部资料）．2009.

[56] 青海省扶贫开发局．关于两项制度衔接试点工作总结（内部资料）．2012.

[57] 泽库县扶贫办．青海省泽库县扶贫开发工作汇报（内部资料）．2013.

[58] 青海福利彩票发行中心．青海省福利彩票事业的跨越式发展（内部资料）．2013.

[59] 2013 年青海省统计公报．关于青海省 2012 年预算执行情况和 2013 年预算草案的报告.

[60] 青海省民政厅社会救助处．青海省低保标准与当地经济社会发展关系及政策建议（内部资料）．2012.

[61] 海南州民政局调研组．青海省海南州农牧区最低生活保障调查分析（内部资料）．2013.

[62] 海北州民政局．青海省海北州农牧区最低生活保障总结（内部资料）．2013.

[63] 青海省民政厅社会救助处．青海省 2009—2012 年度城乡社会救助工作统计分析报告（内部资料）．2013.

[64] 国务院关于在全国建立农村最低生活保障制度的通知［Z］．国发〔2007〕19 号.

[65] 青海省关于建立农村最低生活保障制度的意见［Z］. 青政〔2007〕9号.
[66] 青海省农村牧区居民最低生活保障资金管理暂行办法［Z］. 青民发〔2010〕227号.
[67] 青海省城乡居民最低生活保障动态管理办法［Z］. 青政办〔2010〕33号.
[68] 青海省关于进一步规范城乡居民农村最低生活保障管理工作的意见［Z］. 青民发〔2010〕272号.
[69] 青海省农村牧区居民最低生活保障工作操作规程［Z］. 青民发〔2008〕186号.
[70] 青海省农村牧区居民最低生活保障制度的实施方案［Z］. 青民发〔2007〕16号.
[71] 国务院关于支持青海等省藏区经济社会发展的若干意见［Z］. 国发〔2008〕34号.
[72] 国务院关于做好农村最低生活保障制度和扶贫开发政策有效衔接试点工作的指导意见［Z］. 国开办发〔2009〕60号.
[73] 国务院关于社会保障“十二五”规划纲要的通知［Z］. 国发〔2012〕17号.
[74] 关于进一步规范城乡居民最低生活保障标准制定和调整工作的指导意见［Z］. 民发〔2011〕80号.
[75] 青海省扶贫开发局关于两项制度有效衔接试点工作的总结报告［Z］. 青扶局〔2009〕145号.
[76] 青海省扶贫开发局关于黄南州泽库县农村最低生活保障制度和扶贫开发政策有效衔接试点工作方案的报告［Z］. 青贫办〔2009〕36号.
[77] 青海省农村困难群众危房改造工程建设管理暂行办法［Z］. 青民发〔2009〕142号.
[78] 青海省城乡医疗救助实施办法［Z］. 青民发〔2010〕222号.
[79] 青海省财政厅社会保障处，青海省2012年度最低生活保障资金绩效评价报告（内部资料）. 2013.
[80] 青海省人民政府关于做好农村最低生活保障制度和扶贫开发政策有效衔接扩大试点工作意见的通知［Z］. 青政办〔2010〕155号.
[81] 国务院办公厅关于做好农村最低生活保障制度和扶贫开发政策有效衔接扩大试点工作意见的通知［Z］. 青办发〔2010〕31号.
[82] 国家统计局农村社会经济调查司. 2008—2010中国农村贫困监测报告

［R］. 北京：中国统计出版社，2009—2011.
［83］国家统计局农村社会经济调查司. 2010中国农村全面建设小康监测报告［R］. 北京：中国统计出版社，2011.
［84］国家统计局. 中国第二次全国农业普查资料汇编［M］. 北京：中国统计出版社，2009.
［85］民政部. 中国民政统计年鉴2010［M］. 北京：中国统计出版社，2010.
［86］青海省民政厅. 2008—2011年青海民政统计年鉴（内部资料）. 2008—2011.
［87］国家统计局. 2007—2012中国统计年鉴［M］. 北京：中国统计出版社，2008—2013.
［88］青海省统计局. 2008—2013青海统计年鉴［M］. 北京：中国统计出版社，2008—2013.
［89］张乃亭. 农村最低生活保障制度研究［D］. 山东大学，2011.
［90］汪柱旺. 中国农村最低生活保障制度建设研究［D］. 江西财经大学，2008.
［91］阿布都外力·以米提. 新疆农村社会保障制度建设与发展研究［D］. 武汉大学，2010.
［92］符华平. 农村最低生活保障制度研究——以江苏为例［D］. 南京农业大学，2010.
［93］张翼. 中国城市最低生活保障制度的完善［D］. 华中科技大学，2012.
［94］李勇. 山西省城镇居民最低生活保障制度研究［D］. 山西财经大学，2008.
［95］梁海燕. 南通市城乡居民最低生活保障制度的统筹发展研究［D］. 上海交通大学，2009.
［96］田雪原. 论东方结构型养老保障——来自日本、中国的启示［J］. 日本学刊，1994（5）.
［97］王闻，石为华. 日本的社会保障制度［J］. 南开管理评论，1996（4）.
［98］谢蔼. 日本的老人看护保险制度［J］. 现代日本经济，2001（3）.
［99］王桂新. 中日两国的人口转变与人口增长［J］. 人口与计划生育，2002（4）.

[100] 王增文. 农村最低生活保障制度的济贫效果实证分析 [J]. 贵州社会科学, 2009（12）: 107-110.

[101] 米红，叶岚. 中国农村最低生活保障标准的模型创新实证研究 [J]. 浙江社会科学，2010（5）：53-59.

[102] 齐芳. 重庆：低保绩效评估指标体系研究 [J]. 民政论坛，2012（7）.

[103] 刘家凯，夏超. 完善广西农村居民最低生活保障制度的思考 [J]. 经济研究参考，2009（47）：15-27.

[104] 张时飞，唐均. 辽宁、河北两省农村低保制度研究报告 [J]. 东岳论丛，2007（1）：70-77.

[105] 关信平，黄晓燕. 中国农村居民低保制度及运行机制 [J]. 社会保障研究，2006（1）：195-207.

[106] 崔树义，刘朝立. 关于完善农村低保制度的调查分析——基于山东省的问卷调查 [J]. 山东社会科学，2009（3）：58-61.

[107] 童星，王增文. 农村低保标准及其配套政策研究 [J]. 天津社会科学，2010（2）：49-51.

[108] 马生林. 青海藏区实施跨越式发展研究 [J]. 青海社会科学，2010（11）：80-82.

[109] 杨虎得. 经济发展与青海藏区社会稳定 [J]. 青海民族研究，2009（1）：137-146.

[110] 谢热. 青海藏区与其他藏区经济发展的共同性与差异性分析 [J]. 青海社会科学，2010（9）：138-140.

[111] 陈玮，马占彪. 青海藏区社会主义新农村新牧区建设的模式与对策研究 [J]. 中国藏学，2008（3）：187-193.

[112] 何晖，徐文芳. 贫困山区农村最低生活保障制度运行绩效分析——以湖南省农村某地为例 [J]. 社会保障研究，2010（4）：80-87.

[113] 孙睿，史建民. 我国农村低保资金供需状况实证分析 [J]. 东岳论丛，2011（1）：165-168.

[114] 李庆梅，聂佃忠. 负所得税是实现扶贫开发与农村低保制度有效衔接的现实选择 [J]. 中共中央党校学报，2010（10）：22-25.

[115] 张禄. 扶贫开发与农村低保制度有效衔接的思考——仅以辽宁为例 [J]. 劳动保障世界，2011（6）：11-13.

[116]孙发平，杜青华．青海省扶贫开发思路、目标及对策[J]．青海社会科学，2010（1）：38–44.
[117] 董晓波．农村反贫困战略转向研究——从单一开发式扶贫向综合反贫困转变［J］．社会保障研究，2010（1）：151–179.
[118] 张平．中国农村贫困人口最低生活保障方式相关问题解析［J］．中央财经大学学报，2008（4）：24–28.
[119] 王三秀．可持续生计视角下我国农村低保与扶贫开发的有效衔接[J]．宁夏社会科学，2010（7）：73–77.
[120] 李凤荣．统筹城乡的青海省社会保障体系建设研究［J］．财会研究，2010（11）：11–14.
[121] 张国毅，韩杰丽．青海藏族聚居区农牧民最低生活保障资金筹集问题研究［J］．攀登，2012（2）：23–26.
[122]李凤荣．青海特殊贫困成因与扶贫开发探索[J]．开发研究，2011（3）：141–145.
[123] 李凤荣．青海省泽库县藏区农牧区扶贫开发与农村低保有效衔接的调查［J］．社会保障研究，2012（2）：100–106.
[124] 李凤荣．青海藏区农牧区最低生活保障标准研究［J］．地方财政研究，2013（4）：72–76.
[125] 文先明，曹文献．我国农村居民最低生活保障制度的实证分析［J］．经济数学，2010（2）：45–50.
[126] 顾文静．中国农村最低生活保障制度研究述评［J］．前沿，2010（5）：155–157.
[127] 张立波．农村最低生活保障制度的现状分析与前景展望［J］．劳动保障世界，2010（1）：31–34.
[128]刘春丽，王皓．构建西部农村最低生活保障制度的障碍与解决途径[J]．青海社会科学，2010（1）：14–17.
[129] 凌文豪，梁金刚．农村最低生活保障对象瞄准机制研究［J］．社会保障研究，2009（6）：69–74.
[130]艾广青，刘晓梅．农村最低生活保障对象界定方法探索[J]．财政研究，2009（8）：13–15.
[131] 刘同芗，郭健美．农村最低生活保障制度实证研究与完善对策——基

于山东省农村低保现状调查［J］．社会保障研究，2009（3）：19-26．
［132］姚红义，杨翠迎．我国中西部农村最低生活保障制度存在的问题与对策分析［J］．经济问题探索，2009（3）：49-54．
［133］王文素，李丹．北京农村最低生活保障财政投入机制研究［J］．经济研究参考，2008（34）：54-58．
［134］关丽萍．传统农村社会救助与农村最低生活保障制度的比较［J］．江苏工业学院学报，2008（3）：31-33．
［135］贺大姣．构建农村最低生活保障制度的保障措施探析［J］．云南行政学院学报，2008（3）：111-113．
［136］南京市委党校课题组．南京市农村最低生活保障的调查与研究［J］．中国南京市委党校学报，2008（2）：105-109．
［137］秦凤翔，张景辉．黑龙江省农村最低生活保障的财政政策研究［J］．财政研究，2008（4）：62-65．
［138］金淑彬．城乡统筹视角下完善西部农村最低生活保障制度的对策分析［J］．财经科学，2008（5）：118-124．
［139］张秀兰，徐月宾．中国农村贫困状况与最低生活保障制度的建立［J］．上海行政学院学报，2007（5）：58-72．
［140］方菲，李华燊．伦理视阈下的农村最低生活保障制度［J］．伦理学研究，2010（9）：99-103．
［141］梁丽．重庆市农村居民最低生活保障制度研究［J］．广东农业科学，2009（6）：256-258．
［142］周伟北，叶岚．农村居民最低生活保障补助资金使用管理初探［J］．财政监督，2010（3）：35-36．
［143］王增文．农村最低生活保障及配套项目的实施状况评估［J］．农业经济问题，2010（2）：57-63．
［144］陈建东，马骁．最低生活保障制度是否缩小了居民收入差距［J］．财政研究，2010（4）：62-65．
［145］彭宅文．最低生活保障与救助对象的劳动激励："中国式福利依赖"及其调整［J］．社会保障研究，2009（2）：163-174．
［146］岳经伦，翁慧怡．地方最低生活保障制度研究：广东的案例［J］．

社会保障研究，2009（2）：147-162.
[147]雷晓康，王茜. 中国最低生活保障制度的现状与回顾[J]. 社会保障研究，2009（2）：45-55.
[148]符华平，顾海. 我国农村最低生活保障制度的现状、问题及对策[J]. 南京社会科学，2009（1）：101-104.
[149]景天魁. 最低生活保障制度：特点和意义[J]. 中国社会科学院研究生院学报，2004（1）：4-9.
[150]邓大松，吴小武. 完善农村居民最低生活保障制度的若干思考[J]. 武汉大学学报，2006（9）：644-648.
[151]焦克源，张婷. 农村低保制度实践的异化及其矫正——基于西北农村低保制度实践的调研[J]. 云南社会科学，2011（5）：113-117.
[152]杨燕绥，王进财. 农村低保制度建设与政府责任研究[J]. 中国民政，2011（11）：11-15.
[153]武汉财政局课题组. 武汉市农村低保制度运行状况调查——兼论农村社会保障体系的完善[J]. 地方财政研究，2009（12）：52-57.
[154]段玉恩，郭斌. 农村居民最低生活保障制度实证研究——以山东省自然村为例[J]. 山东社会科学，2011（10）：39-42.
[155]吕旺实，朱善利. 中国农村社会保障制度建设研究[J]. 经济研究参考，2011（58）：2-29.
[156]张时飞. 正确认识“农村绝对贫困人口”与“农村低保对象”[J]. 红旗文稿，2007（6）：9-11.
[157]安徽省财政厅课题组. 完善城乡居民最低生活保障制度的政策建议[J]. 财政研究，2011（1）：29-33.
[158]贾康，阎坤. 农村公共产品供给机制创新研究——对江苏省农村低保、医疗卫生和教育情况的调研[J]. 财政研究，2007（5）：2-9.
[159]杜明义，赵曦. 中国藏区农牧区反贫困机制设计[J]. 贵州社会科学，2010（8）：82-86.
[160]刘晓梅. 农村低保家庭收入核查机制研究[J]. 农业经济问题，2010（9）：89-93.
[161]财政部财政科学研究所课题组. 农村低保制度研究[J]. 经济研究参考，2007（15）：46-56.

[162] 刘旭东. 我国最低生活保障制度的历史演进 [J]. 学术界, 2007 (6): 258-263.

[163] 刘涛. 德国社会救助制度改革对我国低保制度的启示 [J]. 社会保障研究, 2011 (2).

[164] 张静. 借鉴国外社会救助制度, 构建我国农村最低生活保障法律制度 [J]. 特区经济, 2008 (9).

[165] 崔义中. 完善我国农村最低生活保障制度的若干思考 [J]. 中州学刊, 2012 (2): 142-144.

[166] 武瑞荣. 论农村最低生活保障法律制度的完善 [J]. 运城学院学报, 2011 (4).

[167] 汪柱旺. 我国农村最低生活保障制度绩效分析 [J]. 金融与经济, 2009 (1).

[168] 梁润冰. 我国农村最低生活保障制度体系构建探析 [J]. 湖北行政学院学报, 2007 (1).

[169] 孙启泮. 农村居民最低生活保障制度的现状、问题与对策 [J]. 中国民政, 2008 (6).

[170] 陈美. 关于全面建立我国农村最低生活保障制度若干思考 [J]. 经济研究导刊, 2007 (12).

[171] 张志元. 区域资本形成机制差异与经济增长实证分析 [J]. 山东经济, 2007 (11): 132-136.

[172] 林义, 林熙. 外国农村社会保障制度改革的新探索及启示 [J]. 国家行政学院学报, 2010 (4): 111-116.

[173] 刘晶. 农村居民最低生活保障制度: 基于制度效率的分析 [J]. 商业研究, 2009 (8).

[174] 吴锦顺. 农村最低生活保障制度若干问题探讨[J]. 剑南文学, 2009(11).

[175] 吴霞. 构建我国农村最低生活保障制度的基本点[J]. 理论界, 2009(12). 218-219.

[176] 中国发展研究基金会. 2010 年中国人类发展报告 [M]. 北京: 人民出版社, 2011.

重要术语索引表

Q

S

T

X

Y

Z

人名索引表

后 记

本书是我的国家社科基金西部项目“和谐社会视角下青海藏区农（牧）区最低生活保障问题研究”（项目批准号：10XJY011）的最终成果。课题是在课题组成员的共同努力下完成的，结构框架、写作思路和统稿由本人承担。各部分分工为：第一部分和第二部分由青海大学教授、财务处副处长田志华执笔；第三部分由湖南大学硕士研究生罗晓梅执笔；第四部分、第六部分、第七部分、第九部分由李凤荣教授执笔；第五部分由青海大学副教授张国毅执笔；第八部分由青海大学副教授万玉勤执笔。在此感谢课题组成员的辛勤付出，同时更加感谢中国经济出版社以及葛晶老师的大力支持！

感谢青海大学财经学院教授、院长李双元博士从课题的申请、立项到课题完成的整个过程中，都进行了悉心的指导和帮助。李博士深厚的理论功底、严谨的治学态度、务实的工作作风、谦和的待人风格令人敬佩，是我学习的榜样。

在课题调研和资料搜集过程中，得到青海省财政厅社保处王政处长、青海省民政厅救助处王秀清处长、青海省民政厅救灾处耿生海副处长、青海省统计局社会处刘文斌处长的大力支持和帮助。没有他们的支持、参与和配合，不可能得到课题最需要的第一手资料，也不可能深入了解青海藏区农牧区低收入群体的真实想法和诉求。在深度访谈和问卷调查中，得到基层民政干部、村干部、村民代表和低保户的积极配合和支持，在此一并表示衷心的感谢！

在资料的收集、整理和写作过程中，感谢财经学院领导、财政金融系各位同人的大力支持，以及2007级民族班学生和研究生李萌杰、田建东、杨森的积极配合。

最后，需要说明的是，由于作者学术水平有限，关于青海藏区农（牧）区最低生活保障制度的研究成果，有诸多不足之处，敬请各位同行、专家和读者批评指正。

李凤荣

2017年9月